인간관계가
힘들어서
퇴사했습니다

일러두기
본문에 등장하는 인물들은 경험을 바탕으로 재구성한 것으로,
특정 인물에 해당하지 않음을 밝힙니다.

인간관계가
힘들어서
퇴사했습니다

안나 지음

대학교 4학년 졸업반 때였다.
학교에서는 취업을 준비하는 학생들을 위해
진로 상담 행사를 열었다.

대기업에서 20년가량 일을 했다는 그분은
40대 중후반으로 보이는 남성이었다.

20년 차 인생 선배는 우리에게 이 이야기를
해주려고 작심하고 이곳에 온 것 같았다.

"회사는 독이 든 성배와 같아요.
사회적지위가 주는 달콤함에 취해
한 모금 한 모금 마시다 보면
어느새 밑바닥의 독까지 마셔버리게 되죠."

그의 눈가에 맺힌 눈물이 진짜인지 아니면
내 기분 탓에 보이는 것인지 분간이 가지 않았다.

누구나 자기 삶의 가치와 비전을 꿈꿨겠지만,
그것에 부합하는 일을 업으로 삼은 사람이
몇이나 될까?

11년 동안 직장 생활을 하면서
많은 일이 있었다.

보람 있었던 일, 감사했던 일도 있지만
부끄러웠던 일, 힘들었던 일도 있었다.

나는 왜 그렇게밖에 행동하지 못했을까,
나는 왜 더 좋은 결과를 끌어내지 못했을까.

직장 생활을 오래 할수록 드는 생각은
'나는 사람을 모른다'는 것이었다.

소통하려고 노력할수록
더욱 소통으로부터 멀어지는 이상한 기분.
『이상한 나라의 앨리스』 속 이야기보다 더 기이한 경험이었다.

인간관계 문제는 단단히 엉켜서
도저히 풀 수 없는 실타래처럼 느껴졌다.

모르면 두려운 것이다. 사람에 대해서도 마찬가지였다.

공부하면서 알게 된 것은
내가 다른 사람의 마음뿐만 아니라
내 마음도 너무 모르고 있었다는 사실이었다.

어린 시절 우리가 그냥 시시한 존재로
세상에 태어났다고 생각하는 사람은 아무도 없었다.

만화 속에서 지구를 지키는
정의의 용사를 보며 주먹을 불끈 쥐고

세상을 밝히기 위해 싸우겠다고 결심하던
용감한 어린이가 아니었던가?

우주를 정복하거나
대통령이 되는 꿈이 아니더라도
막연하게 했던 생각을 떠올려보자.

내가 중요하게 생각하는 가치와
내 삶을 통해 이루었으면 하는
이상적인 꿈을 다시 적어 보자.

무모한 꿈에는
무모할 정도의 에너지가
솟아나게 하는 힘이 있다.

지금도 무모한 꿈을 현실로 만들고 있는
사람들이 수없이 많다.

이제, 당신도 그들 중 한 명이 되자.

프롤로그

11년 동안 직장 생활을 하면서 많은 일이 있었다. 보람 있었던 일, 감사했던 일도 있지만 부끄러웠던 일, 힘들었던 일도 있었다. 퇴사하고 꽤 시간이 지났는데도 회사 생활에서의 잔상은 오래 남았다. 나는 왜 그렇게밖에 행동하지 못했을까, 나는 왜 더 좋은 결과를 끌어내지 못했을까. 긴 시간을 되돌아보며 나라는 사람은 어떤 사람인지, 어떤 면이 부족한지 다시 생각하지 않을 수 없었다. 그리고 이미 지난 일이었지만 더 잘할 수는 없었을까 계속 후회하게 되었다.

퇴사 후 1년간 방황의 시간을 보냈다. 시도하던 것들이 모두 잘 풀리지 않았고, 그동안 읽고 싶었던 책이나 실컷 읽자는 마음으로 도서관을 찾았다. 그 사람이 그때 왜 그렇게 행동했는지, 나는 어떻게 대응해야 했는지, 지난 회사 생활에 관해 궁금한 것은 끝도 없었고 그렇게 손이 닿는 대로 책을 읽었다.

도서관에 있는 책은 나를 답답하게 만들었던 의문들을 하나씩 해소해 주었고, 이 모든 것을 모른 채 직장 생활을 했던 나 자신이 얼마나 무지몽매한 인간이었는지를 뒤늦게 깨우쳐 주었다. 그 내용이 너무 주옥같아서 내 것으로 소화하고자 글을 쓰기 시작했다. 주로 궁금했던 주제에 대해 두세 권의 책을 읽고, 거기서 영감을 받은 내용을 바탕으로 글을 썼다. 그렇게 백여 권의 책을 읽으며 써 내려간 것을 브런치 북으로 만들었고, 운좋게도 밀리의 서재에서 제안을 받아 오리지널 전자책으로 출간했으며, 덧붙이고 싶은 이야기를 보태고 구성을 보강해 이렇게 종이책으로 내게 되었다.

직장 생활을 하면서 한때 사람이 두렵게 느껴진 적이 있었다. 열 길 물속은 알아도 한 길 사람 속은 모른다고 했던가. 사람의 마음은 예측이 불가능하고 도저히 알 수 없을 것 같았다. 그 속에서 나는 무력하게 이리저리 휘둘리며 위태로운 하루하루를 살아가고 있었다. 사람 사이에 생겨나는 인간관계 문제는 단단히 엉켜서 도저히 풀 수 없는 실타래처럼 느껴졌다. 모르면 두려운 것이다. 사람에 대해서도 마찬가지였다. 공부하면서 알게 된 것은 내가 다른 사람의 마음뿐만 아니라 내 마음도 너무 모르고 있었다는 사실이었다. 내 마음을 알고 나니 다른 사람을 이해할 수 있게 됐고, 그렇게 하나씩 다시 알아가다 보니 도저히 풀 수 없을 것 같았던 문제에도 해결법이 있다는 것을 알게 됐다.

마음을 공부하고 난 뒤 세상이 달라 보였다. 인간의 심리를 제대로 알고 싶다는 지적 갈망은 도서관의 책으로 다 채워지지 않아 이제 나는 대학원에서 상담과 임상심리 공부를 계속하고 있다. 나의 경험과 깨달음이 혼자서 세상과 맞서 싸우고 있는 직장인들에게 도움이 되기를 바란다.

목차

1부
내가 퇴사를 결심한 이유

2부
이제, 당신의 시대가 온다

3부
직장 생활의 팔 할은 커뮤니케이션이다

4부
모든 감정에는 사연이 있다

내가 퇴사를
결심한 이유

꿈에서 나온
그 괴물은 회사였다

퇴사 욕구가 솟구치던 주간

이번 주는 업무 스트레스가 극에 달했던 주였다. 어느 정도로 심했냐 하면, 태어나서 처음으로 퇴사를 하겠다는 말을 입 밖으로 꺼냈을 정도였다. 나 자신에게, 남편에게, 그리고 간 크게도 팀장님에게도 말이다! 다행히 사람 좋은 팀장님은 스트레스가 극심한 나의 상황을 이해해 주셨기에 별일은 없었지만, 나의 절박한 심리 상태는 꿈에서도 나타났다.

좁힐 수 없는 경험의 격차

홍보팀과 미팅을 하고 난 다음 날 꿈을 꾸었다. 공교롭게

도 홍보팀은 갑작스러운 인원 조정으로 기존 업무를 전혀 해본 적 없는 신입 직원들로 구성돼 있었다. 초롱초롱한 그들의 눈망울에는 새로운 업무에 대한 호기심과 의욕이 가득했다. 하지만 잘하고 싶은 마음과 별개로 그들은 한 번도 해보지 않은 일을 그 어느 때보다 빨리 해내야 하는 어려운 상황에 놓여 있었다. 회사는 복잡한 문제가 발생할 때마다 그때그때 일의 방향을 조금씩 바꿨는데, 문제는 방향이 바뀔 때마다 홍보팀에서 진행하고 있던 프로젝트가 전면적으로 재조정되거나 심하면 폐지되기도 했다는 점이었다.

조급함과 압박감 속에서 점점 인내심과 집중력을 잃어가는 것은 나나 그들이나 마찬가지였다. 특히나 업무에 대한 사전 지식 없이 바로 프로젝트에 투입된 그들에게는 모든 것이 낯설고 혼란스러울 수밖에 없었을 것이다. 하지만 이런 경험의 격차를 조율할 시간이 없었고, 그들은 곧바로 프로처럼 일하기를 요구받고 있었다.

A를 A로 전달하는 것은 생각보다 쉽지 않다

그로부터 며칠 뒤에는 사장에게 지시받은 프로젝트 A를

진행해 달라고 요청하는 미팅을 했다. 하지만 그들은 왜 A가 A인지에 대해서부터 의문을 가졌고 과연 우리가 A를 A로 불러도 되는지에 대한 자괴감, 그리고 A가 아닌 B, C, D, E의 세계를 모두 탐험해 보지 않았다는 무지로 인한 괴로움 등으로 A가 맞는지 다시 확인이 필요하다고 이야기했다. 으아악, 프로젝트 A는 사장이 지시한 거라고! 홍보팀은 무한루프를 돌다가 내가 뿌린 씨앗은 어디로 다 날려버리고 빈손으로 돌아와서 나를 돌아버리게 했다.

괴물에게 잡아먹히는 꿈

이미 몇 번에 걸친 미팅에서 좌절한 적이 있지만, 이번에도 포기하지 않고 차분히 설명하려다가 정말 문자 그대로 숨이 막혀버렸다. '아들을 먹어치우는 사투르누스'를 혹시 아는가? 프란시스코 고야가 그린 잔인하고도 생생한 그림. 언젠가 본 이 그림이 딱 나의 상황을 묘사하는 것 같았다. 그러했다. 나는 반복되는 야근과 무리한 실적을 요구하는 회사에 잡아먹히고 있었다.

그리고 그날 밤 이런 악몽을 꿨다. 꿈속에서 헝클어진 머리를 한 40대 남자가 집에 무단 침입했다. 그는 특별히 이국적인 느낌을 풍기지는 않았지만, 분명히 40대의 백인 남자였다. 우리 회사가 미국 회사이기 때문에 그 괴물이 백인으로 나왔다는 것은 꿈에서 깨고 나서야 알게 됐다.

꿈에서 우리 집은 대저택이었는데 마침 내가 혼자 있는 동안 이 남자는 집을 수리해야 한다며 인기척도 없이 들어와서는 온갖 장비를 풀어놓기 시작했다. 그가 가져온 장비 중에는 커다란 도끼 두 자루와 무식하게 생긴 대형 회칼 하나가 있었다. 무시무시한 흉기를 보자 그가 들어온 이유가 다름 아닌 나를 죽이기 위해서라는 것을 직감적으로 알게 되었다. 나는 스스로를 지키기 위해서 집에 있던 과도를 침대 이불 속에 숨기고 언제든지 그를 찌를 준비를 했다. 내가 가진 과도는 그가 가지고 온 도끼에 비하면 터무니없이 작았지만, 절박한 순간에 이르자 상대를 찌를 수 있는 무기가 있다는 것 자체로 위안이 되었다. 한 뼘도 되지 않는 과도를 두 손으로 꼭 부여잡은 나는 용기를 잃지 않기 위해 노력했다.

동료로부터의 압박, 상사로부터의 압박, 그리고 판매가 곤두박질치고 있는 상황에서 대박을 터뜨릴 프로젝트를 만들어보라는 사장의 지시는 도끼 두 자루와 회칼만큼 위협적이었고, 그런 상황에서 나 자신을 지킬 수 있는 방법이라고는 머리를 쥐어짜서 보고서를 만드는 것뿐이었다. 나는 살아남기 위해 공격 태세를 갖추고 전투에 임했지만, 그것은 허공에 휘두르는 귀여운 과도 수준이었다. 그 어떤 보고서도 회사를 일으켜 세울 수는 없었고, 상사를 만족시키지 못했다. 동료들은 계속되는 압박에 서로에게 날을 세웠고, 단순한 커뮤니케이션도 쉽게 이루어지지 못했다.

과도로 정신을 무장하는 나를 보고 자신의 정체가 탄로 났다는 것을 알게 된 괴물은 거침없이 본색을 드러내기 시작했다. 괴물은 사투르누스와 같은 얼굴을 하고 있었다. 그 모습은 가히 위협적이었고, 성기가 없는 알몸은 그가 인간의 모습을 한 괴물이라는 것을 여지없이 드러냈다. 꿈속에서 나는 절박한 마음으로 곳곳에 구조를 요청했다. 내가 터무니없이 약하다는 것을 알았지만 포기하지 않았다. 아니, 포기할 수 없었다. 괴물이 보지 않는 틈을 타서 칼과 도끼를

버리고 탈출하려고 안간힘을 썼지만 괴물이 모든 통신망을 차단하면서 나의 노력은 수포가 되는 듯했다. 나를 도와줄 가족이나 친척과의 연락까지 끊어지면서 나는 괴물의 포획망 속에서 고립되어 갔다.

제품과 시장에 대한 이해가 없는 무리한 실적 요구, 직원들의 사기 저하, 상사와 부하 간의 불신, 서로의 능력을 탓하는 패배주의적 분위기는 나를 숨 쉴 수 없는 상황으로 몰아갔다. 결국 아무도 도와줄 수 없는 고립무원의 상태에서 나는 그저 괴물의 희생양이 되는 수밖에 없을 것 같았다. 더 이상은 회사를 다니지 못하겠다는 생각이 들었다.

분노 조절 장애는
남 얘기가 아니었다

내가 퇴사를 결심한 이유

나는 결코 회사형 인간은 아니지만, 그것이 퇴사를 결심하게 된 이유의 전부는 아니었다. 그렇다고 대단히 개성이 강해서 사회 구조를 답답하게 여기며 새로운 틀을 짜는 혁명가도 아니었다. 나는 아인슈타인, 빌 게이츠 같은 천재들은 중퇴했다고 하는 공교육 제도에도 잘 순종하며 별 탈 없이 지냈고, 회사에서는 뛰어난 사람들과 함께 근무하면서 겨우 일을 배울 수 있었던 무지한 사람이었다. 그러고 보면 대단한 수완도, 능력도 없는 나 같은 사람에게 회사라는 곳은 갑갑하기보다 오히려 세상으로 나가는 통로 역할을 해주는 고마운 곳이었다. (배울 수 있는 기회에 돈까지 주다니. 무능력자는 그저 감사할 따름입니다.)

내가 퇴사를 결심한 진짜 이유

그런 내가 퇴사를 결심한 이유가 있으니 그것은 사람에 대한 믿음, 나 자신에 대한 믿음, 그리고 삶에 대한 믿음이 흔들리기 시작했기 때문이었다. 나는 스스로를 때로는 엉뚱하지만 진심으로 누군가와 교감할 줄 아는 사람이라고 생각했다. 남들은 좀처럼 이해하지 못하는 독특한 사람과도 소탈하게 소통할 수 있는 능력을 갖고 있었는데 그 바탕에는 누구든 편견 없이 바라보고 상대방의 깊은 상처를 살필 줄 아는 마음이 있었기 때문이었다. 사람에 대해 호기심이 많았고, 종종 사람 안에서 보석 같은 가치를 발견했으며, 진실한 소통이 때로는 사람을 치유하고 세상을 밝혀준다는 믿음을 가지고 있었다.

그런데 회사를 다닐수록 내가 스스로에 대해 가지고 있던 모든 확신이 흔들렸다. 내가 좋은 사람이라는 확신, 유머러스한 사람이라는 확신, 남들의 마음을 헤아릴 줄 아는 사람이라는 확신.

직장 10년 차, 이제 웬만한 일은 눈 감고도 할 수 있을 정
도로 익숙해졌고, 복잡하게 어질러진 문제 상황에서 날카롭
게 솔루션을 제시할 수 있는 판단력도 생겼지만, 그 대신 내
안에는 온정과 공감이 사라지고 공격, 비판, 그리고 적개심
이 자리 잡았다. 웬만한 일에는 허허거리며 지나가는 것이
최고라고 여겨왔는데 어느 순간 돌아보니 나는 작은 일에
도 신경질적으로 반응하는 사람이 돼 있었다.

세상 모든 것에 대한 날 선 반응, 과연 정상인가?

언젠가부터 상대방의 사소한 실수도 악의라 생각했고,
내가 겪는 작은 불편을 공격이라 느꼈다. 레스토랑에서 서
빙하는 사람이 주문을 잘못 받아서 엉뚱한 메뉴가 나오면
분개했고, 온라인에서 고르고 골라 산 물건의 품질이 생각
보다 좋지 못하면 사기를 당했다고 생각했다. 뭐가 나를 그
토록 예민하게 만드는지 모르겠지만 나는 그야말로 모든
것에 적대적이고 공격적으로 반응했다. 이러다가 내가 폭발
해 버릴 수도 있겠다는 생각이 들었다.

항상 긴장 상태에 있는 사람은 작은 일에도 방아쇠를 잘못 당겨 실제로 누군가를 공격할 수 있다. 요즘 우리 사회에서 분노 조절 장애로 발생하는 어이없는 사건들이 연일 기사를 장식하고 있다. 층간소음으로 스트레스를 받은 아랫집 사람이 칼을 들고 윗집에 찾아가고, 이웃 주민과 주차 문제로 다투다가 상대 얼굴에 주먹을 휘두른다. 그런 기사를 볼 때마다 세상이 미쳐 돌아간다고 생각했는데 지금같이 신경이 곤두선 상태라면 결코 그것을 남 일이라고 치부할 수만은 없을 것 같았다.

끊임없는 자극과 압박에 극도로 예민해진 사람들

회사에서 우리는 동료나 상사에게 끝없이 자극을 받고 대응하는 능력을 강화한다. "아까 말한 그 자료 다 만들었어요?" "오전에 보낸 메일 봤어요?" 어떻게 보면 회사는 자극을 준 뒤 그에 대해 정확하고 빠른 반응을 이끌어내는 훈련이 계속되는 곳이다. 그리고 연차가 쌓일수록 더 많은 양과 더 빠른 속도를 요구받는다. 이러한 압박 속에서 사람들은 주어진 업무를 빠르고 정확하게 처리하고자 신경을 곤두세우는데, 이렇게 극도로 집중해서 일을 처리하는 과정 중간중간 들어오는 네거티브한 피드백과 공격은 밥을 먹다가 돌을 씹는 것처럼 신경을 극도로 예민하게 만든다.

특히나 일을 할 때 강박에 가까운 완벽주의를 추구하는 성향을 가진 우리나라 사람들에게 이런 일들은 가끔 임계점을 넘게 만드는 듯하다. 원래 나쁜 것은 좋은 것보다 훨씬 더 커 보이지 않는가. 아홉 번 칭찬을 받아도 한 번 비난을 받으면 공격과 방어에 더욱더 많은 에너지를 쏟게 된다. 이렇게 민감함의 안테나를 24시간, 360도로 켜고 있으니 사람들은 스트레스에 만성으로 노출되고, 작은 자극에도 쉽게 폭발하는 것이다.

분노의 기관총을 장전하고 다니는 사람들

주변을 둘러보니 잔뜩 날카로워진 신경으로 기관총을 장전하고 언제든 쏠 준비를 하는 사람은 나 말고도 아주 많아 보였다. 최근 아버지가 아파트 주민회 회장직을 맡으시면서 수많은 민원으로 괴로워하셨는데, 민원을 넣는 사람들을 보면 하나같이 작은 일로 몸서리를 치면서 분개한다고 했다.

길바닥에 떨어진 쓰레기 하나도, 길거리에서 담배를 피우는 행인 한 명도, 마스크를 쓰지 않는 아이도, 심지어 시들어가는 나무도 그들이 분개할 이유가 되기에 충분했다.

스트레스로 인해 실생활에서 분노를 달고 살아가게 된 사람은 나뿐만이 아니었다. 전 국민이 그런 것 같았다. 나는 나 자신을 통제할 수 없다는 두려움에 퇴사를 결심했다.

퇴사 후
내가 가장 먼저 한 일

인간 본성의 해부는 나부터 먼저……

회사를 그만두고 나서 사람에 대해 근본적으로 다시 알아보고 싶었다. 직장 생활을 오래 할수록 드는 생각은 '나는 사람을 모른다'는 것이었다. 그리고 내가 상대를 이해할 수 없는 만큼 상대도 나를 이해하지 못함을 분명히 느낄 수 있었다. 서로 소통하려고 노력할수록 더욱 소통으로부터 멀어지는 이상한 기분. 그것은 『이상한 나라의 앨리스』 속 이야기보다 더 기이한 경험이었다.

서점에 가보니 베스트셀러 중 『인간 본성의 법칙』이라는 책이 있었다. 벽돌 같은 두께였지만 궁금증을 해소해 줄 소

중한 정보가 들어 있다고 생각하니 그 두께가 전혀 부담스
럽지 않았다. 서문을 보니 그가 책을 쓴 이유도 내가 책을
집어 든 이유와 크게 다르지 않았다. 동양이든 서양이든 못
된 인간은 어디에나 있고, 그것은 모든 게 이상적으로 돌아
갈 것 같은 선진국이라고 해도 다를 바가 없나 보다. 로버트
그린은 서문에서부터 나의 상처 난 마음을 토닥거려 줬다.

> "살다 보면 어쩔 수 없이 이런저런 사람을 만나게 된다. 그
> 중에는 일부러 분란을 일으키는 사람도 있고, 내 인생을 피
> 곤하게 만드는 사람, 불쾌감을 주는 사람도 있다. 그는 내
> 상사나 리더일 수도 있고, 직장 동료나 친구일 수도 있다."
>
> ―로버트 그린, 『인간 본성의 법칙』 중

이런 험한 꼴을 당하는 게 나만이 아니라는 사실이 큰 안
도감을 주었다. 몇 세기를 걸쳐 수많은 사람에게 존경을 받
은 철학자 쇼펜하우어조차 이렇게 말했다.

> "뜻밖에 야비하고 어이없는 일을 당하더라도 그것 때문에

괴로워하거나 짜증 내지 마라. 인간의 성격을 공부해 가던 중에 고려해야 할 요소가 새로 하나 나타난 것뿐이다. 우연히 아주 특이한 광물 표본을 손에 넣은 광물학자와 같은 태도를 취하라."

-로버트 그린, 『인간 본성의 법칙』 중

회사를 막 그만뒀을 무렵 직장에서의 부정적 경험 탓에 내 자신감은 그야말로 바닥을 치고 있었다. 오랜 회사 생활은 내가 쓸모없는 인간이라는 무력감을 느끼게 했다. 그렇기 때문에 나와 비슷한 경험을 했다는 옛 위인들의 이야기는 실로 큰 위로가 됐다. 그들은 결코 내가 못나서 힘든 일을 겪은 게 아니라고 속삭여주었고, 풀이 죽어 있던 나의 기를 살려주었다. 위인들의 위로를 받고 흡족한 마음으로 책장을 넘기면서 이들이 앞으로 얼마나 더 신랄하게 이 세상의 무뢰한들을 비판해 줄지 생각하니 잔뜩 기대가 됐다.

그런데 한 챕터, 두 챕터를 읽으면서 나의 기대는 당혹감으로 바뀌었다. 시작과 달리 로버트 그린은 남을 향해 뻗었던 비난의 손가락을 내 쪽으로 돌리기 시작했다. 그는 인간 본성의 해부는 타인이 아닌 자신부터 시작해야 한다고 지적했다. 책을 읽어 내려갈수록 얼굴이 화끈거리며 머릿속이 하얘졌다.

비난과 모욕 앞에서 분개하는 당신은 '자기도취자'다

우리는 결코 자신을 '자기도취자'라고 생각하지 않는다. 자기도취는 영화 〈베테랑〉에서 배우 유아인이 연기한 재벌 3세에게나 어울릴 법한 오만한 단어라고 생각한다. 반면 나는 합리적이고 상대를 존중할 줄 아는 사람이며 남의 권리를 침해하지도, 부당하게 남을 해치지도 않는 선량한 사람이라고 생각한다. 결코 나 자신의 이익만을 위해 남을 짓밟은 적 없기에 그런 내가 이 세상으로부터 존중받는 것은 당연한 일이며, 이처럼 선한 나를 함부로 대하는 무지한 사람들에게 분노하는 것 또한 지극히 당연한 일인 것이다.

"심한 자기도취자들을 알아볼 수 있는 행동 패턴이 있다.
그들은 모욕을 당하거나 누가 도전해 올 경우 방어책이 없
다. 내면에서 그들을 달래주거나 그들의 가치를 인증해 줄

게 아무것도 없기 때문이다. 그래서 엄청난 분노의 반응을 보이고, 복수심에 불타며, 자신은 죽어도 옳다고 생각한다. 그것 말고는 자신의 불안을 누그러뜨릴 방법을 알지 못하기 때문이다."

-로버트 그린, 『인간 본성의 법칙』 중

강약의 차이는 있을지언정 세상의 무례함에 분노하고 어쩔 줄 몰라 하는 것은 분명 나의 모습이었다. 아니, 이건 뭐지, 내가 자기도취자?

생각해 보면 내게 누군가를 비판할 권리가 있듯이 그 누군가에게도 나를 비판할 권리가 있을 것이다. 내가 왕도 아니고 재벌 3세도 아닌데 모두가 나를 칭송하기만을 바라는 것은 이상한 발상 아닌가? 아니, 요즘은 재벌도, 영국의 여왕도, 대통령도 신랄하게 비판을 받고 심지어 조롱을 당하기도 한다. 독재국가에 가까울수록 지도자를 비난하는 사람에게 가혹한 처벌을 내린다. 그렇게 비난을 금지하면 어떤 대가를 치러야 하는지는 모두 잘 알 것이다.

만약 모든 사람이 다 나를 사랑해 주고 존중해 준다면 그 상황이야말로 매우 비현실적이며 굉장히 모순적일 것이다. 그러니 인류를 위해 일생을 바친 위인도 아니고, 오류투성이 인간인 나를 비난하는 사람이 한두 명 있는 것은 지극히 자연스러운 일이다.

물론 누군가가 나를 비난할 때 화가 나는 것은 정상이다. 하지만 나를 공격하는 존재가 있다는 사실 자체에 분노하며 이런 상황이 잘못됐다고, 이 세상이 잘못 돌아가고 있다고 원망하는 태도는 적절하지 않다. 내가 바라는 대로 모든 사람들이 서로에게 칭찬만 한다면 이 세상에는 어떤 갈등도 존재하지 않을 것이다. 그리고 갈등과 극복을 중심축으로 감동을 주는 이 세상 모든 드라마와 소설 속 이야기 역시 존재하지 않을 것이다. 인정하기는 힘들지만 내가 그토록 비난을 못 견뎠던 것은, 나의 가치를 전적으로 상대의 평가에 의존하고 있었기 때문이며, 저자가 말한 대로 자존감이 없었기 때문이었다.

누가 나를 원망하더라도, 어떤 모진 소리를 듣더라도 자신에 대한 믿음과 사랑이 있다면 그 어떤 것도 이겨낼 수 있으리라. 세상이 전부 그를 욕하고 등졌던 순간에도 희망을 잃지 않고 노력해서 재기에 성공했던 한 가수는 그렇게 말했다. 어렸을 때부터 부모님께 무조건적인 사랑을 듬뿍 받으며 자랐기에 자기 자신을 굳게 믿을 수 있었고, 최악의 순간에도 자신을 보호하고 다독여줄 수 있었다고 말이다.

인간 본성의 해부는 나 자신부터 시작해야 했다. 나의 시각이 결코 어른스럽지 않다는 것을 처절하게 인정하고, 새로운 안경을 써야 했다. 스스로 부족한 점을 알고 객관적이면서 균형 잡힌 시각을 갖추기란 얼마나 어려운가. 하지만 성숙한 어른으로서 다른 사람들과 건강한 관계를 맺기 위해서는 나 중심의 사고에서 벗어나 입체적인 시각을 키워야 했다.

적성에 맞지 않는
일을 하는 사람들

다시 한번 당신의 삶의 가치와
비전을 떠올려보자

인사 담당자의 충격적인 이야기

대학교 4학년 졸업반 때였다. 학교에서는 취업을 준비하는 학생들을 위해 진로 상담 행사를 열었다. 대기업의 인사팀에서 일하고 계신 분들이 학교로 찾아와서 직접 상담을 해주는 이벤트였다. 취업을 위해 아무것도 해둔 게 없었던 나에게는 현직자의 직접적인 조언을 들을 수 있는 소중한 기회였다. 전공과 적성에 맞춰 취업하려면 어떤 부서가 좋을지, 커리어패스는 어떻게 관리하면 좋은지 같은 실질적인 이야기를 들을 수 있을 것으로 기대하며 주저 없이 신청서를 제출했다.

행사 당일, 상상은 잘 안됐지만, 직장인이 된 나의 미래를 그려보며 혹시 받을지도 모를 질문에 대비해 이런저런 답을 준비했다. 최대한 직장인처럼 보이는 옷을 골라 입고 약속된 시간에 맞춰 진로 상담 센터에 갔다. 국내 대기업에서 20년가량 일을 했다는 그분은 40대 중후반으로 보이는 남성이었다. 작은 방 안에 나와 비슷한 나이대의 취업 준비생 서너 명이 둘러앉았고, 대화가 시작되었다. 그런데 가볍게 시작된 대화는 전혀 예상치 못한 방향으로 흘러갔다. 아니, 어쩌다 보니 그렇게 흘러간 게 아니라 20년 차 인생 선배는 우리에게 이 이야기를 해주려고 작심하고 이곳에 온 것 같았다.

"회사는 독이 든 성배와 같아요. 사회적지위가 주는 달콤함에 취해 한 모금 한 모금 마시다 보면 어느새 밑바닥의 독까지 마셔버리게 되죠."

상심한 듯한 표정의 그는 슬픔이 배어 있는 얼굴을 숨기지 못했다. 그의 눈가에 맺힌 눈물이 진짜인지 아니면 내 기분 탓에 보이는 것인지 분간이 가지 않았다. 우리나라에서 내로라하는 기업에서 20년째 근무하며 안정적인 삶을 사는 명문대 졸업생의 조언은 충격적이었다. 화려한 경력이고 뭐고, 모든 거품을 다 걷어 내고 진짜와 마주한 기분이었다. 그것은 내가 회사에 들어가기도 전에 맞이한 직장인의 민낯이었다. 그 이후로도 취업 상담 부스에서, 심지어 면접장에서도 이런 얼굴의 사람들을 종종 만날 수 있었다. 당시에 모두가 가고 싶어 하던 카드사의 마케팅 부서에 근무하던 한 직원은 "이런 회사에 왜 오고 싶어 하냐"며 면접에서 실소를 날렸다. 배부른 소리라고 하기에는 그의 얼굴이 너무 시커멨고 숨을 잘못 쉬면 죽을 수도 있을 것 같아 보였다. 나는 간이 안 좋아져서 얼굴이 시커먼 사람들을 안다. 그들은 너무 일을 많이 해서 얼굴이 그렇게 됐다.

적성에 맞지 않았던 나의 회사 생활

그렇지만 나는 우선 취업을 해야 했다. 적성을 뒤로하고 합격하는 곳이라면 어디든 들어가자는 심산이었다. 여자이고 문과생인 나를 흔쾌히 받아주려는 회사는 거의 없었고, 수없이 탈락을 거듭한 끝에 생각지도 못한 제조업의 기획실에 들어가게 됐다. 기획의 '기' 자도 모르는 나 같은 사람을 뽑아준 회사에 고마운 마음이 한가득이었지만 그것은 기업 입장에서 봤을 때 좋은 선택은 아니었다. 회사 일은 나와 맞지 않았다. 회사 내에서 주로 사용하는 용어는 전부 약어여서 회의에 들어가 앉아 있으면 외계인의 대화를 엿듣는 것만 같았다. 주요 이슈도 엔지니어링에 기반한 내용이 대부분이었다.

"기계 하부에 들어가는 육각 모양의 나사가 불량이다. 이것을 네모 나사로 교체해서 비용을 얼마 절감하자."

도대체 기계 하부 어디에 나사가 꽂힌다는 것인지 아무리 상상을 해봐도 알 수가 없었다. 육각 나사보다 네모 나사가 비용이 더 절감된다는데, 어째서 그런 건지 이해가 가지 않는 사람은 나뿐인 것 같았다. 그 외에도 기계에 들어가는 수만 개의 부품은 예고 없이 말썽을 일으켰고 그 문제를 해결하기 위해 연구소, 생산, 마케팅, 회계까지 거의 전 부문의 사람들이 모여 회의를 했다. 눈에 보이지도 않고 원리도 알 수 없는 문제를 해결한다는 것은 나에게 너무 힘든 일이었다. 아무리 들어도 와닿지 않는 일을 하며 내가 할 수 있는 것이라고는 들은 말을 그대로 전달하는 것뿐이었다. 앞으로 백 년을 더 일한다 해도 이 일을 잘할 수 없을 것만 같았다. 그러다가 마케팅으로 부서를 옮기게 되었고, 거기서 조금 더 일을 즐기며 할 수 있었다. 하지만 여전히 내게 맞지 않는 옷을 입은 것 같은 불편함은 가시지 않았다.

자기 삶의 가치와 비전에 맞는 일을 해야 가장 잘할 수 있다

얼마 전 읽은 책에 이런 구절이 있었다.

> "원하지 않는 일을 억지로 하면 좌절감이 찾아온다. 반면에 좋아하는 일을 하고, 하는 일을 좋아하고, 가장 높은 가치와 비전에 부합하는 삶을 살아갈 때 사람은 좌절하지 않는다. 좋아하는 일을 하면 아무리 힘들어도 이겨낼 수 있다."
>
> ─롭 무어, 『레버리지』 중

가치와 비전에 부합하는 삶. 어릴 적에는 누구나 자기 삶의 가치와 비전을 꿈꿨겠지만, 그것에 부합하는 일을 업으

로 삼은 사람이 몇이나 될까? 대부분 사회에 나갈 시점이
되면 돈을 더 많이 주는 곳, 기반이 잡혀 있어서 안정적인
곳을 선택의 기준으로 삼지 않는가? 가치와 비전을 추구하
는 삶은 사치라고 생각하면서 말이다. 그런데 그런 기준으
로 직업을 선택할 경우 좋아하지 않는 일을 선택할 가능성
이 높고, 원하지 않는 일을 마지못해 하는데 그것을 잘하게
될 리는 만무하다. 그러다 보면 자신의 능력에 대해 회의감
을 품게 되고 나는 무엇을 위해 살아가고 있는지에 대해 의
구심을 갖게 된다.

자신의 가치와 부합하는 일을 할 때 사람은 가지고 있는
모든 것을 끌어내 최고의 능력을 발휘하게 된다. 그리고 결
국엔 잘하게 된다. 그것은 길게 보았을 때 인생을 가장 효율
적으로 사는 방법이기도 하다. 하지만 가치에 부합하는 일
이란 처음부터 화려하거나 탄탄대로가 아닌 경우가 많아서
대부분 초기에는 큰 소득 없이 긴 시간을 버텨야 한다. 그리
고 나를 포함해 대부분의 사람들이 이 시간을 견디지 못해
적성과 관계없는 일을 하게 된다. 그런데 이 기간을 견뎌내
면 보상은 복리의 법칙으로 돌아온다. 나의 노력이 누적되

면서 시간이 지날수록 가치가 빛을 발하고 삶의 비전을 이루어내는 것이다.

비전을 품고 있을 때는 실패의 경험도 자산이 된다. 우리는 비전과 가치에 따라 삶을 계획하지 않았기 때문에 세상에 이리저리 끌려다닌다. 물론 비전이 있더라도 사회 초년생일 때는 그것을 어떻게 실현해야 하는지 모르기 때문에 우선 세상에 뛰어들어서 무엇이든 경험을 해보는 것도 중요하다. 경험을 해봐야 어떤 것이 나와 맞고 맞지 않는지 알수 있기 때문이다. 미켈란젤로가 조각 작업은 불필요한 부분을 제거하는 과정이라고 한 것처럼 경험을 통해 나와 맞지 않는 것을 하나씩 쳐냈을 때 진정한 내 삶의 형태를 찾게 된다. 하지만 비전을 가슴에 품지 않은 상태에서의 경험은 앞으로 나아가지 못하고 그 자리에 주저앉게 만든다. 내가 직장 생활을 하는 동안 나와 맞지 않는 경험을 했는데도 빠르게 조취를 취하지 못하고 그곳에 오래 머물렀던 것은 가슴속에 있던 비전을 잊어버렸기 때문이다.

이제 다시 돌아가 삶의 가치와
비전이 무엇인지 생각해 볼 때다

당신은 자기 삶의 가치가 무엇인지 생각해 본 적 있는가? 어릴 적 한 번쯤 생각해 봤던 삶의 목적 같은 것 말이다. 어린 시절 우리가 그냥 시시한 존재로 세상에 태어났다고 생각하는 사람은 아무도 없었다. 만화 속에서 지구를 지키는 정의의 용사를 보며 주먹을 불끈 쥐고 세상을 밝히기 위해 싸우겠다고 결심하던 용감한 어린이가 아니었던가?

우주를 정복하거나 대통령이 되는 꿈이 아니더라도 막연하게 했던 생각을 떠올려보자. 왜 저렇게 밥을 굶는 가난한 사람들이 많은지, 전쟁터에서 살려달라고 울부짖는 사람들이 있는데 왜 뉴스를 보고도 가만히 있는 건지. 어릴 적 당신이 봤을 때 이해가 가지 않던 것들이 많지 않은가? 왜 아무도 나서지 않지? 이런 세상이 된다면 좋을 텐데 하며 생각했던 것들이 있지 않은가? 학교를 더 재미있는 곳으로 만들고 싶다든가 아니면 멋진 호텔 파티에 참석하고 싶다는 보다 세속적인 욕망이더라도 좋다. 당신의 가슴 깊은 곳을 울린, 그런 깊은 인상을 다시 한번 꺼내보자. 그런 생각 안에 당신 인생의 비전이 숨어 있고, 그것이 삶 전체를 이끌어 갈 때 당신은 가장 똑똑하고 멋진 사람이 될 것이다.

지금이라도 늦지 않았으니 내가 중요하게 생각하는 가치와 내 삶을 통해 이루었으면 하는 이상적인 꿈을 다시 적어 보자. 불가능해 보이는 것이라도, 그러한 추상적인 가치를 향해 노력할 때 나도 모르게 엄청난 에너지가 발휘됨을 발견하게 될 것이다. 무모한 꿈에는 무모할 정도의 에너지가 솟아나게 하는 힘이 있다. 그게 바로 충만한 삶을 살아가게 만드는 동력원이고, 나도 모르는 내 안의 놀라운 능력을 발견하는 길이다. 무모해 보이는 것에 도전한 사람들이 있었기에 문명은 조금씩 나아졌다. 실제로 지금도 무모한 꿈을 현실로 만들고 있는 사람들이 수없이 많다. 이제, 당신도 그들 중 한 명이 되자.

회사가 행복한
곳이어야 하는 이유

학교는 사회의 축소판이다

　나는 비교적 행복한 학창 시절을 보냈는데 나의 아름다운 학창 시절의 말미를 장식한 고등학교 생활은 그렇지 못했다. 고등학교 3년은 내 인생에서 회색빛 가득한 시기였다. 우리 동네는 대한민국에서 가장 교육열이 극심하다고 하는 강남의 한가운데 있었다. 사실 강남이라고 하더라도 배밭에서 아파트촌으로 변한 지 채 20년이 안 되었던 시절이라 대다수 평범한 사람들이 모여서 살던 곳이었다. 하지만 내가 고등학교를 들어갈 무렵 타워팰리스가 생기면서 무슨 회사 사장 아들, 무슨 사업체 딸 들이 학교에 들어왔다. 높은 부지에 하얀 병원처럼 지어진 학교는 첫인상부터 차갑고 삭막했는데, 같은 강남이어도 산에 둘러싸여서 풀어 놓은 닭처럼 길러지던 중학생 시절과 달리 이곳은 시스템 으로 돌아가는 공장 같았다.

휴게소처럼 들렀다 가는 학교

강남의 고등학교는 진리에 대한 탐구도 인성에 대한 교 육도 이루어지지 않는 곳이었다. 아이들은 학교를 지나가는 휴게소 정도로 여기는 것 같았다. 입시를 위한 공부는 대부 분 학원에서 했고, 학교는 대학을 가기 전에 서류상 필연적 으로 거쳐 가는 곳에 불과했다. 고등학교 2학년이 되니 반 에서 절반에 가까운 아이들이 예체능으로 진로를 바꿨다. 고3 때는 중간중간 해외에서 유학하던 아이들이 우르르 전 학을 오더니 얼마 안 가 상위권 대학에 특례로 입학했다는 소식과 함께 자취를 감췄다. 우리는 한번 제대로 모인 적도 없이 해외 유학, 외국인 전형 등등 각자의 입시 전략에 따라 모두 뿔뿔이 흩어졌다.

그 와중에 공부를 끈기 있게 하는 아이들의 전략은 '사'

자 직업을 가지는 것이었다. 부모도 자기 자식을 의사, 변호사로 만드는 데 혈안이 되어 있었다. 어떻게 해서든, 무슨 수를 써서든 자식들을 '사' 자 직업 반열에 올려놓으려고 노력했다. 하지만 자식 교육에 열을 올리는 부모 중 그 누구도 본인의 자식이 '의사가 되어서 사람을 살리고' '변호사가 되어 억울한 사람들을 대변해 주기'를 바란다는 사람은 없었다. 그들은 자식이 높은 자리에 올라서 호의호식하며 '잘 먹고 잘사는' 것에만 관심이 있었다.

한번은 당시 가장 유명했던 국어 강사의 학원에 등록했다. 국어 영역이라면 언어 능력을 기르는 과목이고, 수능에 이 과목이 존재하는 이유는 글에서 말하고자 하는 바를 이해하는 능력을 측정하기 위해서 아니겠는가. 그런데 여기서 능력의 측정이라는 것은 사실 결과론적인 것에 불과하고, 핵심은 글을 제대로 이해하고 뜻을 헤아리는 능력을 기르는 것이라고 생각했다. 그런데 강남에서 가장 유명하다는 그 강사는 독해력을 길러주지 않고 질문의 앞 단어 하나만 읽고 답을 유추하는 방법을 가르쳤다. 수능은 정답의 확률을 높이는 게임이라며! 철저히 학원의 목적에 맞춘 가르침이었다. 하지만 바보같이 더 깊이 있는 생각을 하게 해주는 교육을 기대했던 나는 너무나 비참한 기분에 사로잡혔다.

이런 사회, 나만 이상한가?

독해를 못하는 학생을 길러내는 국어학원, 교육다운 교육이 없는 학교, 환자의 병을 고치는 것에 관심이 없는 의사, 정의에 관심이 없는 변호사. 뭔가 이상하지 않은가? 나는 다 이상하다고 생각했다. 정상이 아니라고 느꼈는데 아무에게도 이런 말을 할 수가 없었다.

나는 우리가 칸칸이 짜인 닭장에서 대규모로 길러지는 닭같이 느껴졌다. 자유롭게 한번 푸드덕 날지도 못한 채 평생 갇혀 모이를 쪼아 먹다가 철저히 등급에 따라 팔려나가는 닭 말이다. 우리는 칸막이에 가로막혀서 이웃 닭과 제대로 된 교제를 하지 못하고, 사료를 먹고 최대한 살을 찌우는 것만을 삶의 유일한 목표이자 달성해야 할 과제로 여기며 열심히 오늘을 살아낸다. 내가 가진 두 다리와 날개로 초원을 한번 누벼보지도 못한 채 태어날 때부터 철저하게 성과주의에 갇혀 최고 등급의 고기가 되기 위해 스스로를 사육

한다. 닭이라는 존재 자체의 존엄성은 무참하게 짓밟힌 채 말이다.

학교는 사회의 축소판이다. 어느 책에서 이런 글을 읽은 적이 있다. 아이들은 누군가 직접적으로 말해주지 않아도 이 세상의 기류를 무의식적으로 느끼고 가장 민감하게 반응한다고. 나는 이 말에 전적으로 동의한다. 그리고 아이들이 모여 있는 학교는 이 사회의 축소판 같다고 생각한다. 그래서 나는 학교에서 아이들이 입에 담지도 못할 험한 말로 자신보다 열악한 환경에 사는 친구를 놀리는 것이나 신체적 폭력을 가하는 것이 결코 아이들만의 문제라고 생각하지 않는다. 그것은 사회에서 일어나는 문제가 작은 공간에서 그대로 재현된 것이다.

누가 나에게 말해준 적도 없는데 나는 학교에서 자본주의의 서늘함을 느꼈던 것 같다. 그것은 차가움, 냉담함, 이기주의 그리고 무관심이었다. 그리고 나는 그것이 어른들의 세계에서 내려온 것임을 무의식적으로 알았다. 기업이나 공무원 조직에서 어른들이 삶을 일구어나가는 방식은 아마도 학교에서 진리에 대한 추구나 진실에 대한 갈망 없이 정답을 맞히는 것처럼 그저 껍데기를 최대한 빨리 만드는 일에 불과했을 테고, 그런 조직은 각자 주어진 위치에서 옆 사람에게 눈길 한번 주지 않고 철저히 자신만의 이익을 위해 최선을 다하는, 효율적이지만 무섭도록 차가운 곳이었을 것이다. 나는 어른들의 사회가 아이들의 세계에 반영되었음을 피부로 느끼고 있었다.

아이들이 학교에서 불행한 것은 어른의 사회에 책임이 있다. 어른이 인간답지 못하고 지옥 같은 회사 생활을 하고 있다는 것은 곧 아이들에게도 그런 학교생활이 펼쳐진다는 말이나 마찬가지이기 때문이다. 이것이 내가 감히 회사가 좋은 곳이 되어야 한다고 말하는 이유다.

회사에서 나답게 사는 것은
가능한가?

이제, 다름을 존중하는
사회가 필요하다

나다운 것은 무엇일까? 내가 가지고 있는 고유한 본질을 부정하지 않고 존중하는 것 아닐까. 그렇다면 나답게 사는 것은 무엇일까? 내가 잘하는 것과 못하는 것을 알고 단점은 인정하고 내려놓되 장점은 더 발전시켜 탄력적으로 살아나가는 것이 아닐까. 사람은 누구나 타고나게 잘하는 것과 못하는 것이 있다. 물론 노력으로 어느 정도 능력을 끌어올릴 수는 있지만, 타고난 것은 노력하지 않아도 쉽게 이루어지는 반면 타고나지 않은 것은 아주 힘겹게 노력을 기울여야 겨우 평균 수준을 맞출 수 있다는 차이가 있다.

나에게 어려운 것이 누군가에게는 쉽고 누군가에게 어려운 것이 나에게는 쉽다는 것은 한편으로는 매우 재미난 일이다. 그것은 나의 부족함을 다른 사람을 통해 채울 수 있듯 나도 누군가의 결핍을 채워줄 수 있는 재능을 가지고 있다는 뜻이기 때문이다. 이렇게 서로 다른 사람들이 모여 있기에 세상은 더욱 풍성해진다. 이것이 바로 우리가 모여서 사회를 이루고 사는 이유일 것이다.

결혼할 때 사람들은 무의식적으로 자신과 가장 반대되는 성향의 사람을 짝으로 선택한다는 사실을 아는가? 진화론자들은 그것이 생존을 높이는 방법이기 때문이라고 설명한다. 그만큼 다양성은 삶을 살아가는 데 서로를 살리는 방향으로 이롭게 작용한다. 세상에서 가장 작은 조직인 가족 단위에서도 이렇게 다름이 중요한 요인으로 작용하는데 여러 명이 함께 일하는 사회는 오죽하랴. 여러 사람이 모였다는 것 자체가 그 안에 수많은 개성을 가진 사람들이 존재한다는 것을 의미한다. 절대 똑같은 사람들만 백 명, 천 명이 있을 수는 없다. 그렇다면 우리가 사는 사회는 얼마나 다양성을 존중해 주고, 우리는 다양성의 수혜를 누리며 살고 있을까?

외국에서 높은 관직을 지낸 분이 한국에 와서 토론을 진행했는데 이쪽 말도 맞고 저쪽 말도 맞다고 하는 진행 방식 때문에 회색분자라는 이야기를 들었다고 한다. 양쪽이 서로 다른 것을 존중해 주는 민주적인 진행 방식으로 미국에서는 토론 진행을 잘한다는 평가를 들었던 터라 한국에서의 사뭇 다른 반응에 놀라기도 하고 한편으로 씁쓸한 기분이 들기도 했다고 한다. 우리는 나와 다른 것은 기어이 같아지게 만들거나 나와 똑같지 않으면 '이상한 것', '특이한 것'으로 치부해 버리는 경향이 있는 것 같다는 생각을 지울 수 없었다.

나답게 살기로 하면서 마음의 평화를 찾은 친구

내 동기는 유럽에 1년간 파견근무를 다녀온 뒤로 완전히 다른 사람이 됐다. 날카롭고 예민하던 그녀가 온화한 성자 같은 사람이 된 것이다. 언제나 완벽하게 일하며 경쟁에서 도태되지 않기 위해 자신을 다그치던 친구였는데 이제 웬만한 일에는 여유롭게 미소를 짓는 모습이 도저히 같은 사람이라고 믿기지 않을 정도였다. 그 변화가 너무 신기해서 그녀를 붙잡고 한참 이야기한 적이 있었다.

유럽에서 일하는 동안 그녀는 다양한 개성을 가진 동료들을 만났다고 한다. 한쪽 다리가 없지만 마라톤을 즐기는 친구, 쉴 새 없이 농담을 해서 배를 아프게 만드는 친구, 주말마다 캠핑을 하는 친구 등등. 물론 회사의 관심을 한 몸에 받으며 기업의 미래를 이끌어가는 엘리트 친구도 만났지만 모두가 그처럼 되려고 노력하지는 않았다고 한다. 같은 사무실이어도 다양한 삶의 형태가 공존했고, 그들은 각자의 방식대로 삶을 살았다.

한국이라는 치열한 경쟁사회에서 자라온 그녀는 항상 인정받기 위해 노력하며 지냈다고 했다. 회사가 원하는 인재상에 대한 기준이 확고했기에 그 기준에 미치지 못하면 스스로를 루저라고 생각했고, 루저가 되지 않기 위해 자신을 심하게 몰아붙였다고 했다. 그런데 그렇게 인정받는 인재가 되어서 떠난 해외 파견에서 스스로 그 기준을 허물고 돌아온 것이다.

유럽에서 만난 사람들은 개성을 중요한 자원으로 생각했다. 서로 다른 모양을 있는 그대로 인정하고 퍼즐의 일부로서 전체와 조화를 이루고자 했다. 그녀는 이제 자신을 한 가지 잣대로만 바라보지 않게 됐다고 했다. 그리고 더 이상 아등바등하며 살지 않기로 결심했다고 한다. 우리 사회가 요구하는 획일화된 기준에 부합하는 사람이 되기 위해 스스로를 혹사시키지 않고 자신의 모습을 있는 그대로 인정하고 존중하며 살기로 했다는 것이다.

기계가 돌아가려면 큰 톱니바퀴, 작은 톱니바퀴가 필요하고 윤활유도 있어야 한다. 크게 보는 사람이 있으면 자세히 보는 사람도 있어야 하고, 빠르게 판단을 내리는 사람이 있다면 천천히 숙고하는 사람도 있어야 한다. 진지하게 임하는 사람도 있어야 하지만 웃기는 사람도 한 명은 필요하다. 그런데 우리는 작은 톱니바퀴는 불량품으로 여기고 윤활유는 필수 부품이 아니기 때문에 하찮다고 생각하며 큰 톱니바퀴만 돌리고 있다. 기계가 삐걱대고, 마모가 빠르고, 부품이 자주 고장 나는 것은 당연한 현상이다.

가끔 엄청난 히트를 친 드라마의 경우 촬영을 마친 연예인들이 인터뷰에서 팀워크가 좋았다는 이야기를 하는 것을 들을 수 있다. 최고의 감독, 최고의 배우가 모였다고 하더라도 서로를 배려하고 응원하는 친밀한 분위기가 형성되지 않으면 결코 그 합 이상의 결과를 만들어내지 못한다. 나는 이런 분위기는 상호 존중에서 나온다고 생각한다. 그리고 상호 존중은 다른 말로 다양성의 존중이다. 너와 내가 다름을 알고 우리를 하나의 기준으로 평가하지 않는 것. 그리고 각자가 제공해 줄 수 있는 재능을 인정해 주고 기쁜 마음으로 받아주는 것, 그것이 서로를 배려하는 사회에서 구성원이 가져야 할 기본자세인 것이다.

여러분의 회사 생활이 끔찍하다면 다시 한번 나의 재능에 대해 생각해 볼 필요가 있다. 내가 사회에 기여할 수 있는 타고난 재능은 무시한 채 다른 무언가가 되기를 바라는 삶에서 행복을 찾기는 불가능하다.

너 님도 모르는 너 님의 재능

그것이 돈을 벌어줄 거라고는
생각 못 했지?

남편의 유일한 낙, 장삐쭈 유튜브 채널 시청

회사 일을 할 때면 항상 진지 모드에 들어가는 남편. 잔
뜩 긴장해서 산처럼 높이 올라간 어깨를 볼 때면 저 상태로
굳어버리는 건 아닐까 걱정된다. 그렇게 스트레스를 많이
받으며 일하는 그가 힘겨운 하루를 버텨내는 유일한 낙은
잠자기 전에 보는 유튜브 영상이다. 며칠 전 밤에도 휴대폰
을 부여잡고 하도 경망스럽게 소리를 내며 웃길래 대체 뭘
보는 건지 궁금해서 슬쩍 옆에 가서 곁눈질했다. 그만 보고
자라고 말하려 왔건만 보자마자 나도 모르게 웃음이 터져

나왔다. 나중에는 남편 손에서 휴대폰을 빼앗고 이불이 들 썩거릴 정도로 함께 웃었다.

유튜버의 이름은 그 유명한 장삐쭈. 얼굴을 알리지 않아 베일에 싸여 있는 그를 얼마 전 《동아일보》에서 인터뷰했다. 어떻게 이렇게 재미있는 영상을 만들 수 있었냐는 질문에 그는 "주변 사람을 관찰하고 따라 하는 재능이 있었기 때문이다"라고 답했다. 어려서부터 친척이나 주변 친구는 물론이고 군대 선임을 관찰하고 따라 해서 사람들을 재미있게 해줬다는 것이다. 기사를 읽고 그가 자신의 재능을 녹슬지 않게 열심히 갈고닦아 준 것이 고맙게 느껴졌다. 덕분에 우리가 이렇게 일상의 스트레스를 풀 수 있는 것 아닌가.

그런데 잘 생각해 보면 그의 재능은 유튜브로 대박 나지 않았다면 아무 쓸모 없는 장기에 불과했을지 모른다. 아무리 장삐쭈 같은 재능을 갖고 있는 사람이라도 집에서 백수로 있으면서 부모님 앞에서 이런 흉내 내기 개인기를 선보였다면 아마도 쯧쯧 혀를 차며 "취업이나 할 것이지…… 시끄러워. 네 방으로 가!" 하는 불호령이 떨어졌을지 모른다. 만약 회사 업무를 잘 못하는 사람이라면 장삐쭈만큼 성대

모사를 잘한다고 하더라도 '무능한 선배의 별로 안 웃기는 짜증 나는 재능' 취급을 당했을 수 있다. 아니, 어쩌면 그 재능을 펼쳐볼 자리조차 갖지 못했을 수 있다.

당신의 재능은 돈이 될 수 있다

회사에서 오래 일하다 보면 다양한 재능을 가진 사람들을 만나게 된다. 기타를 잘 치는 사람, 글을 잘 쓰는 사람, 컴퓨터를 잘 다루는 사람, 춤을 잘 추는 사람, 옷을 센스 있게 잘 입는 사람 등등. 하지만 회사는 일로 모인 집단이기에 그들이 어떤 취미를 가지고 있고, 어떤 성격적 특성이 있는지, 그 사람만의 개성이 무엇인지는 중요하게 여겨지지 않는다. 내가 이들의 재능을 알게 된 것은 모두 우연한 계기 때문이었다. 이렇게 각자가 가진 다양한 재능을 모두 무시하고 오로지 회사 일로만 사람을 평가하는 것은 안타까운 일이다. 누군가는 그들의 재능이 밥 먹여줄 정도로 뛰어나지 못했기 때문에 결국은 자기의 재능과 관계없는 곳에 일하러 온 것 아니냐고 말할 수 있겠다. 그렇게 잘났으면 그 일로 밥 벌어먹고 회사에는 오지 말았어야 하지 않냐고.

맞는 말이다. 문제는 사람들이 자기가 가진 것을 재능이라고 여기지 못하고, 심지어 재능이 있다는 사실을 알아도 그것이 직업이 되거나 돈이 될 수 있다고 생각하지 못한다는 점이다. 내가 감명 깊게 읽은 『내 재능 사용법』이라는 책에서 스티브 하비는 이렇게 말한다. 우선 무보수라도 내 재능을 발휘할 수 있는 곳을 찾으라고, 작고 하찮은 일이라도 재능을 드러낼 수 있는 곳을 찾으라고. 가르치는 일을 좋아하는 당신에게는 그곳이 교회일 수도 있고, 근처 초등학교일 수도 있다. 아니면 요즘 유행하는 강의 플랫폼인 '클래스101'이나 '탈잉'에서 수업을 시작해 볼 수도 있다. 스티브 하비에게는 그곳이 동네의 작은 스탠딩 코미디 무대였고 나에게는 브런치의 글 쓰는 공간이었다.

이렇게 한번 재능을 드러내면 당신의 능력을 세상에 보여줌으로써 그것이 또 다른 기회를 불러낼 수 있다. 그리고 그 기회를 계속 잘 연결하면 당신이 가지고 있는 그 보잘것없다고 여겨지는 재능을 화폐로 교환할 수 있게 되고 운이 좋다면 큰돈을 벌 수도 있는 것이다.

다시 살펴보자. 당신의 재능을 키우는 것은 전적으로 당신 몫이다. 우리는 우리가 가진 재능을 다시 한번 살펴봐야 한다. 당신이 회사에서 당했던 수모와 모멸감은 결코 당신의 가치를 제대로 평가한 것이 아니라는 사실을 일깨워주고 싶다. 아무도 인정해 주지 않는 당신의 그 재능을 교환 가능한 화폐가치로 만들어내는 것은 오로지 당신에게 달렸다.

그리고 한 가지 더. 남이 잘하는 것은 재능으로 보이고 내가 잘하는 것은 쓸데없는 것으로 보이는 그 색안경을 빨리 벗어 던지기 바란다.

그럼에도 불구하고,
회사는 소중하다

회사는 나에게 많은 것을 주기도 했다

지금은 이렇게 회사를 박차고 나왔지만, 맨 처음 내가 입사했던 그 순간을 떠올려보면 회사는 나에게 한없이 간절히 들어가고 싶었던 곳이고 다니는 동안은 한없이 고마웠던 곳이다.

입사 전 취준생의 삶, 걸어 다니는 화석

대학교 4학년, 엄격하게 말하자면 대학교 6학년 때였다. 교환학생을 다녀오고 교사자격증을 따기 위해 교육학 수업을 20학점 들으면서 학교를 10학기나 다녔다. 그것도 모자라 졸업생 신분이 되면 취업에 불리하기에 일부러 수업을 하나 신청해 등교하면서 취업 준비를 하던 시기였다. 지금 생각해 보면 새파랗게 어린 스물다섯, 가장 예뻤을 나이인데, 그때는 6년째 대학 캠퍼스에서 돌아다니는 나 자신이 걸어 다니는 화석같이 느껴졌다. 이유 없이 학교에 나가기가 미안했고, 후배 보기가 부끄러웠고, 내가 얼마나 나이 들어 보일까 생각하며 되도록 눈에 띄지 않게 다녔다.

그렇게 학교에 몸을 반쯤 걸쳐둔 채 취업 준비를 하기 시작했다. 매 학기가 시작될 때마다 저 멀리서 인해전술을 펼치는 군대처럼 수없이 많은 회사가 취업 시장으로 쏟아져 나왔고, 회사에서 요구하는 2~3주의 기간 동안 입사지원서 양식에 맞게 나를 어필해야 했다. 2~3주라는 시간이 꽤 긴 것 같지만 그런 회사가 동시에 50개쯤 쏟아지면 이야기는 달라진다. 아무리 많은 기회가 주어진다고 하더라도 모두 제때 써내지 못하면 기회를 날려버리는 것이다. 그래서 입사 선배는 학기가 시작되기 전에 미리 총알을 장전해 두어야 한다고 충고했다. 지원서 양식을 구해서 그것에 맞게 내용을 채워놓은 다음 멀리서부터 내려오는 목표물을 하나씩 조준해서 맞혀나가야 한다고. 하지만, 게임을 해본 사람이라면 알 것이다. 아무리 미리 준비한다고 하더라도 그 숫자가 너무 많으면 하나둘 놓치다가 결국 맞히는 것보다 못 맞히는 것이 더 많아진다. 그러다 보니 수십 또는 수백 개의 회사 중에 나에게 면접 기회를 주는 곳은 겨우 한두 곳뿐이었다.

취준생 시절, 대학생도 사회인도 아닌 인간이 되어서 살아가던 때, 지하철을 탈 때면 유독 마음이 우울해졌다. 지하철역에서 가끔 노숙인들의 모습을 보면 남의 일 같지 않았다. 어디에도 소속되지 못한 자, 돈을 벌지 못하는 자, 그것은 아주 조금만 발을 삐끗해도 언제든 내 현실이 될 수 있는 모습이었다. 그들을 볼 때면 마음이 아찔했다. 추운 겨울날, 서울역에서 검은 파카 하나만 걸치고 차가운 바닥에 누워 있는 노숙인의 등을 볼 때면 그들이 느끼는 콘크리트 바닥의 찬기가 나에게도 느껴지는 듯했다. 어디에도 토로할 수 없는 노숙인의 쓸쓸함과 끝 모를 어두움을 나는 함께 느꼈다.

내가 회사를 선택한 기준, 인간적인 회사

내가 회사를 선택하는 기준은 남들과 꽤 달랐다. 모두 내로라하는 회사에 가려고 열을 올리던 그때 내가 추구했던 회사는 '경쟁이 치열하지 않고 인간적인 곳'이었다. 남들이 다 가는 강남, 여의도, 종로의 뻔쩍뻔쩍한 빌딩에 있는 회사는 우선 탈락이었다. 대학생 때 새로 지은 번쩍거리는 건물에서 우수한 학생들과 공부를 할 때면 집중을 할 수가 없었다. 날고 기는 동기들을 의식하느라 받는 스트레스가 공부 스트레스보다 컸던 것이다. 고등학교 입시 지옥에서 끝나지 않고 대학교에서도 이어지는 무한 경쟁에 나는 지쳤고, 도대체 누구를 위해서, 무엇을 위해서 해야 하는지 모를 그 끝없는 경쟁의 링에서 내려오고 싶었다. 내 기준에서 좋은 회사는 인간답게 일할 수 있는 곳이었다.

당시에는 현직자가 회사에 대해서 평을 해주는 곳이 거의 없어서, 가끔 취업 준비생들의 커뮤니티에 올라오는 글로 어렵게 정보를 얻을 수 있었는데 우연히 2년 차 사원이 스스로 좋은 곳이라고 인정한다는 회사를 보았다. 나는 주저 없이 저 회사에 가야겠다고 생각했다. 면접을 보러 갈 때는 마치 기차를 타고 시골 여행을 하러 가는 것 같은 기분이었다. 내가 원했던 대로 회사는 인간적이었다. 사람들은 청소부 아주머니와도 따뜻하게 인사를 주고받았다. 업무 부담도 크지 않아서 대부분 6시면 퇴근을 했다.

회사가 나에게 준 것들

회사는 무직의 노숙자 신세를 면하게 해주었다. 일할 기회가 주어졌고, 입사 당시 나는 어떤 업무 능력도 갖추지 못했음에도 불구하고 꼬박꼬박 월급을 받을 수 있었다. 내가 하는 일이란 책상에 앉아 있는 일이 전부였던 것 같은데 말이다. 부모님과 함께 살아본 이들이라면 알 것이다. 아무리 성인이 됐다고 해도 경제적으로 자립하지 못하면 절대로 독립하지 못한다. 회사는 나를 성인으로서, 경제적으로 독립해 스스로의 힘으로 설 수 있게 해주었다.

우리 회사는 8시까지 출근이었는데, 8시까지 출근하기 위해서는 집에서 5시에는 일어나야 했다. 매일 출근을 하기 위해서 5시에 일어나는 것은 난생처음 겪어보는 혹독한 훈련이었다. 캠핑을 가기 위해 새벽같이 움직였던 경험을 포함하더라도 그때까지 내 평생 새벽 5시에 일어난 일은 손에 꼽았다. 취업 후 세 달간은 집에 돌아오면 아무것도 할 수 없었고 주말에도 잠만 잤다. 하지만 취준생으로 살면서 모든 생활 리듬이 깨져 있었던 터라 이것은 오히려 생체리듬을 잡아주는 역할을 했다. 이 새로운 긴장감은 몸에 생기를 불어넣어 주었다.

사람들은 따뜻했고, 한 가지 목표를 위해서 힘을 합쳐서 일한다는 것은 신선한 경험이었다. 학교 다닐 때는 각자가 자기 공부를 하지 않았던가. 그런데 회사는 전교 1등과 꼴등이 함께 숙제를 풀어나간다. 내가 중간에 막혀 있더라도 다른 사람이 문제를 해결해 주는 것을 보면서 함께 배울 수 있었다. 나는 정서적 안정, 신체적 리듬을 찾았고, 무엇보다 진짜 성인으로 자립할 수 있게 됐다.

회사라는 거인의 어깨에 올라타다

오랜 시간 동안 탄탄한 입지를 다져온 기업을 다닌 덕에 다양한 체험도 할 수 있었다. 회사가 아니라면 만나볼 수 없었을 중요한 사람들과 만나고, 내 돈 내고는 평생 한 번 갈까 말까 한 멋진 호텔에 사람들을 초대해 론칭 행사도 진행했다. 유명 연예인을 촬영장에서 만나기도 했고, 업계에서 알아주는 촬영감독이나 아티스트와 함께 일할 수 있었다. 회식 때는 학창 시절에 갈 수 없었던 좋은 횟집과 고깃집에 가기도 했다. (물론 회사 실적이 떨어지고 나서는 흔치 않은 일이 되었지만.)

무엇보다 회사에 있으면 어떤 식으로 일을 하는지 배울 수 있었다. 수많은 사람들이 오랜 시간 동안 일하면서 만들어놓은 시스템 안에 들어가서 배운다는 것은 엄청난 경험이다. 그것은 수십 년간 많은 사람들이 시행착오를 통해 만들어놓은 노하우를 몇 년 만에 내 것으로 만들 수 있는 지름길이었다.

친구들끼리 만나면 항상 늘어놓게 되는 것이 회사 불만이다. 아무리 좋은 회사를 다니고 있어도 자기가 다니고 있는 곳이 좋다고 이야기하는 사람은 본 적이 없다. 하지만 잘 살펴보면 그렇게 문제투성이인 것처럼 보이는 회사 안에도 우리가 얻어갈 수 있는 소중한 기회들이 많이 있다.

나도 한때 다른 '좋은 직장'을 다니는 사람들을 부러워하며 멋진 성공담을 찾아 읽곤 했는데, 어느 화려한 커리어 우먼이 본인의 성장과정에서 가장 많은 것을 얻을 수 있었다고 언급한 '좋은 회사'가 바로 내가 속해 있는 '그 회사'라는 것을 알고 두 눈을 의심했던 기억이 있다.

내가 진저리 치고 있는 이곳도 다른 누군가에게는 꿈의 직장이다. 그리고 무엇보다 이곳은 당신이 입사하기 전에 그렇게 꿈꾸어왔던 곳이기도 하다. 그러니 오늘부터 회사 안에 숨겨져 있는 보물을 부지런히 찾아 나서자. 그렇게 회사라는 거인의 어깨에 올라타서 어디에서도 쉽게 얻을 수 없는 값진 경험들을 아낌없이 하고 나오기를 바란다.

2부

이제,
당신의 시대가 온다

우리는 매 순간
새롭게 시작한다

오늘은 오늘만의
새로운 태양이 뜬다

　우리는 보통 과거의 힘에 자주 굴복한다. 중학생 때는 초등학교 때 공부 잘했던 아이들에게 뒤처질 것이라고 생각하고 고등학교에 올라가면 당연히 중학교 때 우수했던 아이들이 잘하리라 생각한다. 대학교에 들어가면 외국어고, 과학고에서 온 아이들이 당연히 더 뛰어나겠지 생각하고 회사에 들어가서는 명문대를 나온 사람들이 승승장구하리라 생각한다.

　요즘 진리처럼 떠받드는 수저 이론도 마찬가지다. 부모가 부자인 사람이 미래에도 더 잘살 것이라고 생각하고 그렇지 못한 사람에게는 '흙수저'의 삶이 기다리고 있다고 생각한다. 과거가 미래를 지배하는 이론이다.

그런데 13년의 학창 시절과 11년의 직장 생활을 더한 경험에 따르면, 과거가 미래에 미치는 영향은 생각보다 적다. 희한하게 인생의 중요한 마일스톤 앞에서 모든 것은 '0'에서부터 새로 시작되어, 그전에 무엇을 어떻게 했는지는 크게 중요하지 않았다. 오직 영향을 미치는 것은 오늘의 내 행동뿐이었다.

입사와 동시에 제로 베이스에서 시작한다

회사에 입사해서 가장 먼저 눈에 띈 동기 중 한 명은 나와 같은 가톨릭 신자로 보였다. 부사장님과의 면담에 함께 들어가는 자리에서 조용히 성호를 긋던 모습이 아직도 기억에 남는다. 매일 아침 가장 먼저 와서 사무실 문을 열고 하루를 시작하는 그녀는 빈틈없어 보이는 모습과 달리 털털한 성격으로 만나는 사람을 편안하게 만들었다. 무슨 일이든 군소리 없이 성실하게 해냈던 터라 입사한 지 얼마 되지 않아 맡은 일에 충실하기로 소문이 났고 임원들의 사랑을 독차지하는 최고의 인재로 인정받았다. 해외 명문대와 스카이 출신이 발에 차이던 당시, 그의 학벌은 유리하기보다는 불리한 쪽에 가까웠다. 하지만 그녀는 성실한 행동과 훌륭한 업무 능력으로 임원들의 찬사를 받았고, 회사에 다니는 내내 중요한 업무를 맡으며 다양한 기회를 얻었다.

회사에서는 면접을 통과시킨 이후로는 입사 당시 그 사람을 평가하던 기준을 내려놓는다. 그것은 합격자를 선별하기 위한 기준이었지 입사 이후의 생활까지 좌우하는 기준은 아닌 것이다. 입사 이후에는 얼마나 커뮤니케이션을 명료하게 하는지, 과제를 주어진 시간 안에 해결하는지, 문제 상황을 부드럽게 풀어나가는 유연함이 있는지와 같이 현재 필요한 문제 해결 능력에 점수를 준다. 그 시점부터는 누가 얼마나 노력하느냐의 문제이지 과거에 어떤 점수를 받았는지는 문제 되지 않는다. 우리는 다시 제로 베이스로 돌아가서 하나씩 돌을 쌓아 올리고 있다. 이 촉망받던 동기는 회사에서 몇 명 안 보내주는 주재원으로 해외에 파견되어 오래 근무를 하다가 지금은 전 세계를 누비며 화려하게 경력을 쌓고 있다.

기업의 탈학벌 바람

예전에 삼성전자 임원들의 학벌 통계가 사람들 사이에서 회자된 적이 있었다. 학벌주의가 심한 대한민국에서 삼성전자의 임원 530명 중 지방대 출신이 102명으로 20%에 가깝고, 최종 학력이 상고와 공고인 경우도 5명이나 된다는 사실은 사람들에게 신선한 충격을 안겨주었다(2004년 기준). 그 뒤로도 주요 기업 임원들의 학벌 비율이 매년 기사로 올라왔는데 2019년부터 SKY 대학 출신의 비율이 30% 미만으로 줄어들었다는 사실이 밝혀졌다. 이것이 의미하는 바는 여러 가지가 있겠지만 회사에서는 그 사람이 과거에 쌓아놓은 성과가 뛰어나더라도 입사를 하는 순간 모두 같은 출발 선상에서 평가받게 된다는 것을 보여주는 증거가 아닌가 생각된다.

제로 베이스에서 시작하는 경력 단절 여성

아는 선배는 좋은 대학교를 나와서 고시 공부를 하다가 20대를 모두 보냈다. 고시를 포기할 무렵에는 이미 공채로 취업하기 늦은 나이가 되어버려서 작은 회사에 취업했는데,

얼마 안 가 결혼을 하고 아이를 낳더니 회사를 그만두었다. 6년째 집에서 가정주부로 사는 딸을 보며 부모님은 열심히 공부시켰더니 다 헛일이라며 질책했다. 그런데 주변을 둘러 보면 좋은 회사에 다니던 친구들도 아이를 둘 이상 낳으면 회사를 그만두는 경우가 많다. 화려한 경력을 쌓았건, 그렇 지 못했건, 회사를 그만두는 순간 모든 것은 제로로 수렴하 고 엄마로서 같은 출발 선상에 서게 되는 것이다.

물론 회사에 입사해서 오랜 시간 일한 사람들의 경험과 지식을 부정하는 것은 아니다. 분명 그 기간 동안 배우고 얻 은 것이 있을 테다. 하지만 그것이 미래까지 보장해 주지는 않는다. 가정주부가 되는 순간, 그때부터 새로운 게임이 시 작된다. 전업주부로서의 삶을 지속할 수도 있지만, 어떤 사 람은 아기 엄마만이 생각해 낼 수 있는 아이 용품을 개발해 서 CEO가 되기도 한다. 아이를 키우면서 겪은 이야기를 글 로 써서 작가가 되는 사람도 있고, 아이들과 함께 노는 것을 영상으로 올려서 크리에이터가 되는 사람도 있다. 과거에 무엇을 했는지가 중요한 게 아니다. 그 순간부터 본인이 무 엇을 하느냐에 따른 차이가 있을 뿐이다.

지금까지 살면서 과거를 떨쳐낸 사례를 여럿 보았다. 잘 살펴보면 인생은 직선으로 유지되지 않고 가끔 90도, 30도, 40도로 방향을 전환해서 전혀 다른 행보를 펼치는 것 같다. 초등학교 6학년 때 내 짝이었던 친구는 착실했지만 뛰어난 아이는 아니었는데 언젠가부터 공부에 흥미가 생겨 열심히 하더니 우리나라 최고의 의대에 들어갔다. 대학교 때는 과방에 24시간 상주해서 술 마시고 기타 치며 폐인처럼 지내던 선배가 있었는데, 졸업하고 취업이 안 돼서 한동안 백수로 살다가 어느 순간 이렇게 살면 안 되겠다고 결심하고 공부해서 행정고시에 합격했다고 한다.

그 밖에도 중학생 때 외모 콤플렉스가 있었는데 고등학생 때부터 여신이 되어서 동네를 떠들썩하게 만든 친구, 계약직으로 들어갔다가 정직원보다도 더 빨리 고속 승진한 친구 등, 38년 인생에서 직접 목격한 것만 해도 온종일 이야기할 수 있을 정도다.

우리는 진정으로 매 순간 새로 태어난다. "매일 새로운 태양이 뜬다"라는 말은 알고 보면 빈말이 아니다. 물론 과거에 내가 행한 것들이 모여 오늘의 나를 만드는 것도 사실이다. 하지만 과거의 내가 레이저처럼 쭉 뻗어서 현재를 뚫고 미래까지 영향을 미치리라는 생각은 우리가 많이 범하는 사고의 오류다. 짧지 않은 인생을 살아오면서 레이저가 전혀 예상치 못한 곳으로 향하는 상황들을 수없이 목격했다. 그래서 나는 이젠 뭐가 되었건 지금, 이 순간 모든 것은 제로 베이스에서 시작한다는 것을 잊지 않으려고 노력한다.

"어제의 내가 아니라, 오늘의 내 작은 행동이 내일을 만든다."

회의주의자들과
함께 일하는 법

걱정 마라, 당신의 시대가 곧 온다

직장 생활에서 인간관계란 왜 이렇게 힘든 것일까?

분명 가족 간의 관계도 좋고 학창 시절에도 친구들 사이에서 꽤 인기 있었던 사람이었는데 직장에서는 인간관계가 너무나 힘들다면 혹시 사람을 너무 이상적으로만 생각하고 있지는 않은지 돌아보기 바란다. 모든 사람이 자신이 맡은 일에 최선을 다하고, 상대방을 배려해 주며, 누군가 어려움에 처했을 때 도와주기 마련이라고 믿는다면 직장에서 괴로운 순간에 더 많이 직면하게 될 것이다. 나도 그랬다. 그리고 이제는 그것들이 인간의 다양한 측면 중 한쪽 면만 바라보려고 했던 편협한 시각의 결과라는 것을 알게 됐다.

사람을 이해하려면 그 사람이 가진 긍정적 측면만큼이나 부정적 측면에 대한 이해도 필요하다. 적극적으로 도전하는 자세의 반대편에는 두려움과 귀찮음이라는 마음이 있고, 상대를 배려하려는 마음의 한편에는 상대를 배척하고 싶은 폐쇄적인 마음도 있다. 누군가가 어려움에 처했을 때 나서서 돕고자 하는 만큼 모르는 척 돌아서고 싶은 마음도 동시에 갖고 있는 것이 인간이다. 그리고 이런 마음의 그림자를 무조건 나쁜 것으로 치부하는 태도도 결코 바람직하지 못하다. 우리가 양면성을 가지고 있다는 것을 받아들이고 인정할 때 더 지혜롭게 살아갈 수 있기 때문이다.

당신의 제안에 반대하는 사람들

당신이 무언가 새로운 제안을 하는데 반대하는 세력들은 무작정 시도해 보기보다는 어떤 리스크가 있는지를 미리 감지하고, 어떻게 하면 에너지를 최소한으로 소비하면서 효율적으로 일할 수 있을지를 찾아내는 데 뛰어난 사람들이다. 새로운 시도에 대한 노력을 반대하는 것이 의욕을 꺾고 일을 방해한다고 생각할 수도 있지만 어찌 보면 그들은 오랜 경험에서 얻은 노하우를 바탕으로 불필요한 에너지 낭비를 줄일 수 있는 방안을 제시하고 있는 것이다. 무엇보다 여러 사람의 의견을 듣는 것은 한 사람의 시각으로는 미처 볼 수 없는 것들을 보게 해주고, 다양한 각도에서 문제를 바라보게 만드는 방법이기도 하다. 그래서 우리는 우리 주장에 반대하는 그들의 보수적인 의견도 귀 기울여서 들어야 한다. 이것이 시행착오를 줄여주고 불필요한 에너지의 낭비를 원천적으로 막아줄 것이다.

우리는 보이지 않는 감옥에서 살고 있다

문제는 너무 작은 리스크에도 결사반대를 하는 경우다. 대개 큰 기업에서 이런 현상이 자주 나타난다. 아주 작은, 리스크라고 할 수도 없는 사소한 일에도 이유를 열거하면서 반대하는 사람들이 존재한다. 그들이 반대하는 이유를 잘 들어보면 결론은 귀찮음이다. 생각하기 귀찮음, 추가적인 일을 하기 귀찮음. 그리고 그들의 주장을 뒷받침하는 굳건한 이론이 있으니 바로 '매뉴얼'이다. 그들은 매뉴얼 그 이상도 이하도 허용하지 않는다. 매뉴얼에서 벗어난 일은 얼마나 좋은 의도가 담겨 있건 '악'으로 치부한다.

작은 리스크도 떠맡기 싫어하는 사람들. 정해진 매뉴얼대로만 행동하는 사람들. 눈앞에 위험이 보이는데도 주어진 업무가 아니면 지나치는 사람들. 이런 사람들은 회사에만 존재하지 않는다. 오늘날 사회는 놀라울 만큼 시스템화가 잘되어 있어서 사람들은 시스템을 벗어나는 것을 생각하지도, 시도하지도 않는다. 모든 행동 기준은 시스템이고 평가 기준은 매뉴얼이다. 극단적인 예가 2020년 일본 크루즈에서 발생한 코로나19 감염 사태다. 크루즈 내에 코로나 확진자가 발생했는데도 대응 매뉴얼이 없다며 사람들을 보름 동안 방치해서 700여 명의 확진자가 발생하고 13명이 사망하는 결과를 초래했다. 상식적이었다면 그들을 하선시켜서 각자 격리하고, 적절한 치료를 받을 수 있도록 의료진을 지원했어야 했다. 세계 최고의 선진국이라고 자부했던 일본의 경직된 태도는 놀라움 그 자체였다.

오늘날 사람들은 학습하는 것, 돈을 버는 것, 심지어 운동하는 것까지 시스템에 맡긴 듯하다. 정주영 현대그룹 회장은 초등학교만 졸업했지만 MBA를 나온 사람보다 비즈니스를 잘했다. 요즘은 학위가 없으면 아무것도 '배울 수 없다'고 생각한다. 학원에 가지 않으면 영어 공부를 못 한다고 생각하고, 직장에 다니지 않으면 돈을 벌지 못한다고 생각한다. 심지어 요즘 아이들은 농구든 축구든, 학원이 아닌 곳에서 친구들과 어울리는 법을 모르는 것 같다. 모든 것이 규격화된 시스템 아래 사는 동안 우리의 행동과 사고의 폭이 너무 좁아졌다. 우리는 너무 많은 정신적 가이드라인에 둘러싸여 있다. 보이지 않는 감옥에 갇혀 사는 것이다.

세상에는 당신 같은 사람이 필요하다

모든 것을 시스템에 의지하면 유연성과 창의성, 상식을 잃어버리게 된다. 스스로 생각하지 못하고 매뉴얼에 의존하면 사람은 기계적으로 움직이게 된다. 일에 생명을 불어넣지 못하기 때문에 함께 일하는 사람조차 그저 부품으로 바라보고 비인격적으로 대한다. 무엇을 위해 일하는지를 잃어버렸기에 내가 하는 일이 사회에 미치는 영향에 대해서도 무지해지고 사회에 폐를 끼치는 결과물을 만들어내게 된다. 이런 과정을 통해 직장은 더 출근하기 싫은 곳이 되고, 직장 생활은 내 인생에서 의미를 빼앗는 것에 불과해진다.

『린치핀』을 쓴 세스 고딘은 그런 사람들을 일컬어 '세뇌 당한 톱니바퀴'라고 말했다. 그들은 자신이 무엇을 빼앗겼 는지 모른 채 영혼 없이 그저 지시받은 일을 해내는 데 최 선을 다한다. 하지만 주체적으로 사고하는 법을 잊어버린 채 매뉴얼에만 의존해서 사는 사람들은 위험하다. 4차 산업 혁명의 가속화로 기계적으로 처리할 수 있는 일자리는 모 두 로봇에 의해 대체될 수 있기 때문이다. 인공지능이 화이 트칼라를 잠식하는 현실에서 앞으로 사람에게 요구되는 건 '좀 더 다르게 생각하고' '좀 더 창의적으로 생각하는' '도전 하는 사람'이다. 무언가를 추진하려다가 수많은 사람에게 욕을 먹고, 협박까지 당하는 '당신 같은 사람'이 필요하다는 것이다.

매뉴얼에만 의지하는 사람과 함께 일하는 건 모래주머니 를 달고 달리기를 하는 것과 같다. 그들은 더 나은 대안을 만들려는 사람을 억압하려 한다. 함께 목표를 향해서 앞으로 나아가도 모자를 시간에 더 못 나가게 방해를 하는 꼴이다. 이쯤 되면 내가 이상한 것인가 싶고, 적당히 타협을 하는 것이 현명한 삶이 아닌가 싶다. 미래는 너무 멀고 현실의 하루하루는 가혹할 것이다. 하지만 포기하기엔 이르다. 이제 당신이 곧 빛을 발할 시기가 서서히 다가오고 있다.

우선 마음을 굳게 먹기 바란다. 조직 내에 트러블이 없는 날이 없는 자신을 더 이상 자책하지 마라. 혹시 본인을 틀에 끼워 맞추려고 고통스러운 몸부림을 하고 있었다면 일단 멈추기 바란다. 그리고 이제 당당히 맞서서 둘 중 하나를 선택하라. 그들이 도태될 때까지 기다리거나, 아니면 그런 사람이 없는 곳으로 옮겨라. 세상에는 많은 조직이 있고, 다양한 사람이 있다. 더 나은 대안을 찾아서 엉뚱한 시도를 하는 당신을 기다리고 있는 집단이 생각지도 못한 곳에 존재하고 있을 것이다. 미운 오리 새끼를 백조로 만들어줄 그들을 찾아 나서라. 그들은 당신을 두 팔 벌려 환영할 것이다. 부지런히 찾아 나서는 자가 살아남으리니.

존엄을 잃지 않는 법

모두에게 절대적인
존중을 받는 것은 불가능하다

사람은 누구나 품위 있게 살고자 한다. 그리고 일반적으로 그것은 다른 사람들이 나를 존중해 주고 훌륭하게 대할 때 지켜진다고 여긴다. 모두가 나를 격조 있게 대해주는 삶. 그 삶 속에서 나의 가치가 보장된다고 생각하는 것이다.

하지만 내가 월드 스타 BTS가 아닌 이상, 살다 보면 우리를 폄하하고, 낮춰 보고, 함부로 대하는 사람을 만나기 마련이다. 아니, BTS도 데뷔 초에는 상당히 오랜 시간 동안 안티들의 공격을 받았다고 한다. 가수 박재범도 UFC 선수 오르테가에게 뺨을 맞는 황당한 사건을 겪지 않았는가. 안타깝게도 그 어떤 저명한 사람도 예전처럼 절대적인 지지와 존경을 받기는 불가능하다.

이런 세상에서 스스로를 지킬 줄 아는 것은 굉장히 중요한 일이다. 하버드대학교의 심리학 교수 하워드 가드너는 누군가에게 도를 넘는 공격을 받았을 때에는 즉각적으로 반격해야 한다고 말했다. 인간관계에서도 '깨진 유리창의 법칙'이 적용되기 때문이다. 우리가 한 차례의 무례를 경험하고도 그대로 놔둔다면 다른 사람들도 우리를 함부로 대해도 되는 사람으로 생각하게 될 것이다.

그렇다. 우리는 때로 적극적으로 나를 방어해야 한다. 그런데 어디까지, 어느 선까지가 적당한 것일까?

어디까지가 우아한 반격일까?

나처럼 소심하고 다른 사람에게 싫은 소리를 할 줄 모르는 유약한 사람의 경우에는 자신을 방어하는 태도를 취하기 위해 엄청난 노력과 학습이 필요하다. 그런 나의 눈에 적극적으로 자신을 방어할 줄 아는 선배는 아주 멋져 보였다.

억울한 일을 당하면 절대 참고 넘어가지 못하는 이 선배는 당하면 두 배 세 배로 갚기로 유명했다. 부당한 일은 잊지 않고 기억해 두었다가 어떻게 복수할지 골몰했고, 한 달이 걸리건 두 달이 걸리건 철저하게 준비해서 제대로 갚아 줬다. 평소 심하게 갑질을 하는 광고주가 부조리하게 챙긴 이득이 있다는 자료를 끝까지 찾아내서 결국 퇴사시켰고, 직장에서는 자신의 험담을 하고 다니던 직원을 불러서 사무실에서 크게 망신을 준 일도 있었다. 가장 유명한 사건은 퇴근길에 들고 가던 가방을 빼앗아 달아나는 도둑을 따라잡아 격투 끝에 경찰에 넘긴 일이었다.

이렇게 화끈하게 응징하며 자신의 존엄을 되찾는 선배의 모습은 멋져 보이기만 했다. 하지만 빛이 있으면 그림자도 있기 마련인가. 분노가 주는 에너지를 동력 삼아 속 시원한 반격을 하던 그였는데 언젠가부터 심장을 쥐어짜는 듯한 통증을 느껴서 병원에 가보니 심근경색이라는 진단을 받았다. 화끈한 응징은 통쾌했지만 문제는 응징을 하기까지 오랜 시간 사건을 곱씹으며 마음속에 화를 키워왔다는 것에 있었다. 앞으로도 계속 화를 참지 못하고 폭발하다간 사망으로 이어질 수 있으니 각별히 주의하라는 의사의 말을 듣고 왔다고 한다.

나는 이 문제로 한동안 고민을 했다. 나의 자존감을 지키기 위한 최소한의 반격은 어디까지가 적절한가? 어디까지가 통쾌한 반격이고 어디부터가 건강을 잃는 손실일까? 어디까지가 참았을 때가 훌륭한 인격이고 어디부터가 참으면 비굴한 것일까?

> 누구나 화를 내기는 쉽다. 그러나 적당한 사람에게, 알맞은 정도로, 합당한 때, 옳은 목적을 위해, 제대로 화를 내는 일은 쉽지 않다.
>
> ─아리스토텔레스, 『니코마코스 윤리학』 중

조롱 속에서도 존엄을 잃지 않은 넬슨 만델라

남아프리카공화국의 대통령 넬슨 만델라는 인종차별 법에 반대하다가 수감되어 27년간 감옥살이를 했다. 열악한 구치소 환경과 고된 노역에 더해 그는 간수로부터 숱한 구타와 모욕을 당했다. 한 일화에 의하면 간수들이 무덤처럼 구덩이를 파놓고 만델라를 밀쳐 넣은 다음 그 위에 오줌을

싸기도 했다고 한다. 인간의 존엄성이 말살되는 시간이었다. (나중에 대통령이 된 만델라는 이 간수를 초대해 화해의 식사를 한다.)

만델라가 그들을 향해 분노와 복수의 마음을 품고 살았다면 그는 출소하기도 전에 스트레스로 인한 병으로 죽고 말았을지도 모른다. 하지만 그는 복수심을 품거나 자신에 대한 가치를 내려놓는 대신 매일 아침 제자리뛰기 45분, 손가락 짚고 팔굽혀펴기 200회, 윗몸일으키기 100회를 하며 자신의 마음을 다스렸다. 최악의 환경 속에서도 스스로를 정신적으로, 신체적으로 단련하며 누구보다도 온유한 마음을 유지하는 그를 수감자들은 존경했다고 한다. 그의 모습은 감옥에서도 많은 사람에게 귀감이 됐다.

우리는 보통 다른 사람이 나에 대해서 부정적으로 하는 말을 잘 참지 못한다. 왜냐하면 그 말이 나의 가치를 훼손한다고 생각하기 때문이다. 하지만 진짜 강인한 사람들은 상대방의 말에 발끈하지 않는다. 추악한 언행은 단지 일부의 소견일 뿐 그것을 듣는 사람의 가치를 훼손할 수 없다고 생각하기 때문이다. 각종 모욕과 조롱 속에서도 결국에는 빛을 발한 위인들을 봤을 때, 그들이 결코 당시에 받은 멸시와 모함으로 평가되지 않음을 알 수 있다. 간수들이 만델라에게 한 행동으로 그를 낮추어 보는 사람은 아무도 없었다.

우리는 모욕을 주는 사람과 싸울 수 있다. 우리의 가치를 되찾을 때까지 모든 에너지를 다 쏟아부을 수도 있다. 하지만 그보다 더 확실한 방법이 있으니 그것은 스스로의 가치를 잊지 않는 것이다.

만델라는 조롱 속에서도 자신에 대한 믿음과 세상에 대한 희망을 잃지 않았고, 출소 뒤 남아프리카 최초의 흑인 대통령이 되어 노벨평화상을 탔다. 우리의 존엄성은 누군가가 나를 대접해 주는 방식에 기인하지 않는다. 그것은 자신과 세상에 얼마나 믿음을 가졌는지에 달려 있다.

오늘부터, 당신을 모욕하는 사람에게 시간과 에너지를 낭비하지 말고 자신을 단련시키면서 가슴속에 큰 희망을 품어보자.

단단한 마음을 갖기 위한
데일리 관리법

매일 새겨보는 자기암시

마음은 눈에 보이지 않지만, 의외로 사람들은 당신의 마음가짐을 잘 알아볼 수 있다. 그래서 만만해 보이지 않기 위해 큰소리를 내고, 험상궂은 표정을 짓더라도 실제 마음속에 자신을 존중하는 믿음이 없다면 사람들은 여전히 당신을 만만하게 볼 것이다. 외적인 행동보다 더 중요한 것은 자기 자신에 대해 어떤 태도를 갖고 있느냐 하는 것이다.

상대에게 존중받고 싶다면 스스로 '나는 존중받아 마땅한 사람이고 언제든 나의 권리를 당당하게 주장할 수 있다'는 생각을 반복해서 마음에 새겨놓길 바란다. 이렇게 굳건한 믿음이 내 안에 새겨졌을 때 남들이 함부로 할 수 없는 단단함이 밖으로 새어 나오게 된다. 책 『셀프 러브(마음챙김 다이어리)』는 아래의 문장들을 매일 마음에 새기라고 소개한다.

- 나는 의사를 명확하게 표현해도 된다.
- 나의 감정은 타당하고 중요하다.
- 나에게는 의사를 표현하고 선택이나 결정에 참여할 권리가 있다.
- 별다른 설명 없이 다른 사람의 부탁을 거절해도 괜찮다.
- 나는 존중받을 자격이 있다.
- 나는 내가 원하고 바라는 것을 요청할 수 있다.
- 다른 사람이 싫다고 해도 괜찮으며, 내가 원하는 방식으로 반응하지 않아도 괜찮다.
- 다른 사람의 반응은 내가 원하는 것을 요청해도 되는지 아닌지를 나타내지 않는다.
- 나는 내 욕구를 채우면서도 친절할 수 있다.

상처받기 싫다면:
상대방의 말, 정말 상처받을 가치가 있을까?

세상에는 다양한 관점이 있다. 같은 것을 보고도 사람들은 자신의 관점에 따라 모두 다르게 이야기한다. 누군가가 나를 비난하거나 평가절하했다고 해서 그 말이 진리는 아니다.

어떤 사람은 오늘 나의 실패를 성장의 과정으로 보고 응원해 줄 수도 있고, 어떤 사람은 나의 실패를 능력의 한계로 단정 지어버릴 수도 있다. 나를 힘들게 하는 사람이 있다면, 그 상대의 말을 진리로 받아들이지 말자. 그건 그저 어떤 한 사람의 의견일 뿐이다.

직장 생활을 하면서 EQ가 높은 사람을 관찰해 본 결과, 그들은 상대가 던지는 부정적 말로 자신을 평가하지 않는다는 것을 알게 됐다. 그들은 상대의 무례한 말을 있는 그대로 받아들이지 않았고, 어떤 상황에서도 스스로를 존중하는 마음을 유지했다. 그래서 무시당하는 일을 당해도 흔들리지 않고 평온함을 유지했다.

우리는 항상 내가 겪는 상황이 누구보다 억울하고 힘들다고 생각하지만, 사실 잘 관찰해 보면 사람은 누구나 인생

을 살아가면서 이런저런 당혹스러운 상황을 겪는다. 중요한
것은 이런 부정적인 상황에서도 쉽게 흔들리지 않는 단단
한 마음을 갖는 것이다.

나를 미워하기 싫다면:
나 자신에게 2차 가해자가 되지 말자

우리는 상황과 사건을 통해서 상처를 받기도 하지만 사
실 그보다 더 오랫동안 우리를 힘들게 하는 것은 스스로에
게 가하는 평가와 질책이다.

예를 들어, 고객에게 중요한 내용을 안내하지 않아 혼선
을 주는 잘못을 했다고 하자. 실수를 발견하자마자 상황을
조정하고 필요한 조치를 취하느라 바빴을 것이다. 또, 이로
인해 고객들에게 항의를 받고, 상사에게 꾸중을 들어서 아
마 혼이 쏙 빠진 것 같은 하루를 보냈을 수도 있다. 그런데
이렇게 힘든 하루를 보내고 돌아와서 자신에게 어떤 말을
하게 되는가? 여기서 2차 가해를 하는 사람은 다음과 같은
말로 스스로에게 두 번째 상처를 주기 시작한다.

'나는 어떻게 이 모양일까? 이런 일도 못하면서 내가 어

떻게 승진할 수 있겠어. 남들이 나를 형편없는 사람이라고 생각할 거야. 이게 나의 한계야.'

이런 비난과 질책으로 자신의 가치를 평가절하하면, 주눅이 들고 자신이 없어져서 또다시 실수를 하게 되고, 누구나 쉽게 공격할 수 있는 심리적으로 만만한 사람이 된다. 실수는 누구나 할 수 있다. 실수를 통해 성장하기 위해서는 질책이 아니라 자신을 위로해 주는 내적 대화가 필요하다. 심리적으로 취약한 사람이 되고 싶지 않다면 2차 가해를 멈추고 스스로를 보듬어주어야 한다. 따뜻한 위로와 성찰이 더해졌을 때, 과오가 비로소 성장의 밑거름이 될 것이다.

기분 나쁜 일로 잠들지 못하겠다면:
내가 바라는 모습으로 다시 그려보자

잠자기 전 이미지 트레이닝으로 감정을 씻어내보자. 오늘 있었던 괴로운 상황, 그리고 그때의 우울한 감정을 모두 믹서기에 넣고 통으로 갈아버리는 모습을 상상하자. 그리고 내가 바라는 대로 상황을 다시 그려서 오늘을 재구성하는 시뮬레이션을 해보자. 가장 이상적인 상황으로 전개되었을 때의 나의 모습과 내가 원했던 상대방의 반응을 생생하게 그려보자. 그리고 행복한 감정을 안고 잠자리에 드는 것이다.

　이상적인 상황을 상상하는 것은 기분 좋은 감정을 불러일으킬 뿐만 아니라 다음번에 같은 상황을 마주했을 때 실제로 그렇게 행동할 수 있도록 만드는 시각화 훈련이기도 하다. 생각이 변화의 시작이다. 지금 당장 모든 것이 변하지 않더라도 마음을 조금씩 바꾸어나가면 언젠가는 바라는 대로 당당한 사람이 되어 있을 것이다.

비판은 꼭 필요할까?

이제 비판도 달콤하게 하자

비판은 인류를 진화시켰다

사람들은 모여 있을 때 혼자서라면 결코 해낼 수 없는 놀라운 일을 이루어낸다. 우주선을 화성으로 보내고, 100층이 넘는 건물을 짓는다. 전 세계의 기업이 이루어내는 비약적 발전은 인류가 오랜 시간 함께 머리를 맞댄 결과다. 하지만 모여 있는 것만으로 더 나은 결과가 만들어지는 것은 아니다. 각자가 가진 지식과 자원을 나누는 것에서 그치지 않고 서로 자유롭게 의견을 교환하는 문화가 뒷받침되어야 한다. 만약 절대 권위에 복종하듯 한 사람의 의견에 아무도 피드백을 하지 못한다면 성장이 불가능할 것이다.

민주주의는 표현의 자유를 보장하면서 누구나 자신의 의견을 자유롭게 말할 수 있는 사회를 지향해 왔고, 이것이 오늘날 전 세계의 비약적 성장을 이루어낸 근간이 됐다.

좋은 약은 입에 쓰다? 알고 보니 사약이었다

좋은 약은 입에 쓴 법이다. 그런데 요즘은 비판이 약이 아니라 사약인 경우가 많이 보인다. 본인의 취향과 맞지 않는 연예인에게 악성 댓글을 퍼붓는 네티즌, 자신과 상반되는 의견을 가진 정치인에게 인신공격성 문자 폭탄을 보내는 유권자 등, 쓴 약을 넘어 사약이나 다름없는 수준의 비판을 일삼는 사람들을 쉽게 찾아볼 수 있다. 이들의 공통점은 건설적인 개선을 위한 의견보다 그저 당신이 싫다는 메시지가 주를 이룬다는 것이다.

안타깝게도 이런 일은 비단 익명이 보장되는 곳에서만 발생하는 것이 아니다. 오늘날 많은 회사가 성장을 위한 비판을 수용하는 문화를 추구하고 있지만, 실제 현장에서는 비판으로 둔갑한 비난이 난무하고 있다.

사전에서 찾아본 비판과 비난의 차이

그렇다면 비판은 무엇이고 비난은 무엇일까? 이렇게 삼키기 힘든 비판을 꼭 받아야만 하는 것일까? 표준국어대사전에서 비판과 비난의 뜻을 찾아봤다.

- **비판(批判)**: 현상이나 사물의 옳고 그름을 판단해 밝히거나 잘못된 점을 지적함.
- **비난(非難)**: 남의 잘못이나 결점을 책잡아서 나쁘게 말함.

비판과 비난은 비슷한 듯하나 엄연히 다른 목적을 가진 행위다. 비판은 바로잡는 것에 목적이 있으나 비난은 싫어하는 감정을 바탕으로 상대를 헐뜯는 것에 목적이 있다. 비난이 지양되어야 하는 이유는 사전만 찾아봐도 알 수 있다.

그런데 비판은 꼭 해야만 할까?

여기서 한 발짝 더 나아가면, 이토록 근거 없는 비판이 난무하는 시대에 우리는 과연 제대로 된 비판이 무엇인지 알고 있는지 의문을 던지게 된다. 비판이 가진 뜻을 살펴보면 "옳고 그름을 판단해 잘못된 점을 지적함"이라는 의미가 있다. 그런데 우리가 회사에서 일하면서 누군가의 옳고 그름을 판단할 수 있는 경우는 과연 얼마나 될까? 우리는 누군가를 바로잡을 수 있을 만큼 객관적이고 정확한 판단 능력을 갖추고 있는가?

마커스 버킹엄과 애슐리 구달이 《하버드 비즈니스 리뷰》에 기고한 글에 따르면, 인간은 다른 인간을 객관적으로 평가하지 못하며, 각자의 주관적인 인식과 편견으로 인해 오류가 가득한 평가를 내릴 수밖에 없다는 한계를 지니고 있다. 우리가 제대로 공유할 수 있는 것은 자신의 관점을 기반으로 한 감정, 경험, 반응뿐이라는 것이다.

따라서 건설적인 비판은 "이것은 잘못됐어"가 아닌, "아까 이렇게 행동했을 때 나는 이렇게 이해했어. A로 하기보다는 B로 해보는 게 어떨까?"와 같은, 조언에 가까운 대화 방식이다. 겸손하고 진심 어린 조언은 듣는 사람의 경계심과 적대감을 낮추어 내 의견을 수용할 가능성을 높여준다.

사람은 어느 정도 잘하는 영역과 못하는 영역이 정해져 있으며 단점을 극복하려고 할 때보다 장점을 살리는 쪽에 초점을 맞췄을 때 발전한다. 이것은 직장에서 오가는 피드백에도 마찬가지로 적용되어야 한다. 상대가 잘못한 점에 초점을 맞추고 지적하기보다는 잘하고 있는 영역을 더 부각하고 부족한 부분에 대해서는 관찰한 사람의 입장에서 느낀 점을 부드럽게 말하는 편이 진짜 성장을 돕는 방식일 것이다.

21세기답게 비판도 달콤하게 하자

어렸을 때 감기약은 아주 쓴 가루약이었다. 엄마가 아이에게 약을 먹이려면 아이를 눕혀서 다리로 몸을 제압한 뒤 코를 막고 입에 강제로 가루를 털어 넣어야 했다(미안하다. 우리 동네 엄마들은 그렇게 먹였다). 하지만 요즘 감기약에는 달콤한 시럽이 첨가되어 있어서 아이들이 두 손으로 잡고 쪽쪽 빨아 먹는다.

시대가 바뀌고 있다. 이제는 몸에 좋은 약도 기분 좋게 넘길 수 있도록 달게 만들 수 있다. 잘못된 점에 초점을 맞춘 비판만이 성장의 유일한 방법이라는 고정관념을 깨고, 여태껏 고수해 왔던 쓰디쓴 비판 방식을 달콤하게 만들어 볼 때가 왔다.

직장에서의
뒷담화에 대해

그 필연성과 뒤늦게 밀려오는 후회란

뒷담화를 하는 이유는 무엇인가?

회사 생활을 하다 보면 다른 사람들과 관계를 맺기 위해, 혹은 내면에서 끓어오르는 분노를 어찌할 줄 몰라서, 때로는 그저 앞에 있는 사람에게 동조하기 위해 누군가의 뒷담화를 하게 된다. 사실 뒷담화라는 것도 비판적 사고가 가능해야 할 수 있는 것인데 회사 초년생 때는 뭘 모르기도 하고, 갓 들어온 신입이라 모두가 잘 대해주니 딱히 누군가를 싫어할 이유도 없어서 남들이 욕할 때도 그저 그렇구나 하고 듣기만 할 뿐 적극적으로 나선 적은 별로 없었다.

남들에게 보여주기 위한 뒷담화

그러다가 3, 4년 차가 되어 누군가를 욕하는 사람을 보니 뭔가 자기만의 주장이 있는 것 같고, 비판적 사고를 할 줄 아는 것만 같았다. 그리고 상대를 비난함으로써 자신은 다르다고 선을 긋고 상대적으로 우월한 위치에 있음을 드러내 보였다. 어리석은 나는 슬슬 그들의 강하고 자신감 있는 태도를 배워야겠다고 생각했다. 그래서 어떤 기준에 미달하는 누군가의 자료를 보거나 앞뒤 상황을 고려하지 않은 지시나 요청을 받게 되면, 그것을 강하게 비난했다. 그러면서 나의 용감함과 정의로움에 대해 속으로 자랑스러워하기도 했다.

남들과 어울리기 위한 뒷담화

때로는 남들과 어울리기 위해 뒷담화를 하기도 한다. 그들이 그(그녀)를 욕하는 이유를 딱히 모르겠지만 뭔가 다들 한마음 한뜻이 돼 목소리를 내는 데에는 이유가 있지 않겠는가? 그럴 때면 사람들에게 공감하는 척하며 이유를 캐묻기도 하고 나 나름대로 상황을 이해하려고 노력해 보았다. 그런데도 특별히 공감할 만한 내용이 없는 경우도 많았는데, 그 사람이 비난받는 이유는 특별히 문제 되는 행동을 해서가 아니라 다른 사람보다 먼저 승진을 하거나 좀 더 뛰어나다고 인정을 받은 까닭에 있었기 때문이다.

어리석은 나는 이렇게 사람들의 뒷담화에는 비논리적인 배경이 깔려 있다는 것을 깨닫지 못했다. 그저 내가 알지 못하는 무언가가 있는 건가 하는 의문을 간직한 채 몇 가지 사소한 결점이 발견되면 더 크게 부풀려 함께 뒷담화를 하는 과오를 범할 뿐이었다.

뒷담화는 후회를 불러온다

경험상 남을 욕하는 건 후회를 불러일으킨다. 보통 누군가의 뒷담화를 할 때는 한두 가지 사건으로 그 사람 전체를 비난하는 경우가 대부분이다. 그리고 그 사람 앞에서 하는 경우보다 그 사람이 없는 자리에서 제3자와 함께 비난하는 경우가 많지 않은가. 그런데 한번 제3자 앞에서 A라는 사람을 욕하게 되면 남을 의식해서라도 A와는 좋은 관계를 맺기가 껄끄럽다. 설령 앞뒤 무시하고 다시 호형호제하고 지낼지라도 나와 함께 뒷담화를 했던 제3자로부터 위선자라는 비난을 받을 것은 각오해야 하지 않겠는가. 한때는 부정적인 면이 압도적으로 커 보이더라도 또 지내다 보면 긍정적인 면도 발견할 수 있는 것이 사람인데, 함께 동조해 뒷담화를 하고 나면, 오히려 그의 좋은 면을 보지 않기 위해 노력하는 경우까지 생긴다.

우리는 초연결 사회에 살고 있다

프로젝트가 끝나면 어차피 관계가 정리되는 것 아니냐고? 요즘 사회의 인간관계가 그렇게 단편적으로 정리될 수 있다고 생각하는가? 이직하더라도 비슷한 업종에서 돌고 도는 것이 일반적이다. 또, 나와 별로 친하지 않은 사람이더라도 페이스북에는 이미 친구의 친구로 연결돼 있고, 계속 누군가를 통해 서로의 소식을 접하게 된다. 초연결 사회에서는 그 사람과 나의 관계가 프로젝트 하나를 마쳤다고 해서 칼같이 끊어지지 않는다. 게다가 세상은 어찌나 좁은지. 멀리 외국으로 휴가를 가서 들른 쇼핑센터에서도 회사 사람과 마주치는 게 요즘 세상이다. 이직해서 그 사람과 마주치지 말라는 법이 있겠는가?

사실 사람이라는 건 입체적인 존재다. 누구나 부족한 점이 한두 가지 있을지라도 다른 측면에서는 긍정적인 부분이 있다. 그리고 상황에 따라 한때는 좋지 않게 보였던 사람에게서 내가 배울 만한 점을 발견할 수도 있다. 그러니 한두 가지 단점으로 그 사람과 내가 더 좋은 관계로 발전할 가능성을 차단해 버리는 것은 어찌 보면 매우 손해 보는 일이 아닐 수 없다.

내면의 목소리로부터 비롯된 뒷담화

물론 아래에서부터 끓어오르는 분노로 가득 찬 순도 100%의 뒷담화도 있다. 팀원끼리 둘러앉아 상사에 대한 뒷담화를 할 때면 때로 마음이 순수의 결정체가 되곤 한다. 그에 대한 나의 비난은 정당성 100%라고 확신하며 열변을 토하게 된다.

그런데 이런 비난으로도 후회스러운 상황이 발생한다. 특히 그 대상이 상사일 경우, 스스로 자신의 발목을 잡게 된다. 감정을 해소하기 위해 뒷담화를 하지만 결과적으로는 뒷담화를 할수록 감정이 더 쌓이게 된다. 그리고 뒷담화로 상사에 대한 부정적인 프레임이 견고해지면 그가 내리는 지시가 더욱더 싫게만 느껴진다. 여기서 더 심해지면 모든 지시에 합리적 사고가 불가능해지는 무조건적인 불복종 상태가 되어버린다.

간혹 상사가 내리는 지시에 불합리한 면이 있을지 몰라도 합리적인 지시도 분명 있을 텐데 말이다.

어떤 상사에게나 배울 점은 있다

상사를 욕하고 비난하는 순간 무언가를 배우기는 불가능해진다. 상사의 모든 것을 부정하다 보면 상대가 처한 상황도 이해할 수 없게 된다. 하지만 그도 윗사람에게 쪼이고, 실적에 쪼이기에 어쩔 수 없는 처지에 놓여 있을지 모른다. 그가 처한 상황은 분명 평사원인 나보다 더 절박할 것이고, 어쩌면 아랫사람인 내가 역으로 사지에 몰린 상사를 도와줄 수 있을지도 모른다. 하지만 상사의 모든 것을 부정한다면 상사를 위해 도움을 준다는 생각도 하기 어려워진다.

인생의 모든 것이 그렇지만 직장 생활에서도 순간순간이 발전의 기회가 될 수 있다. 만약 상사의 마음을 헤아려서 돕는 훈련을 한다면 나 자신도 발전할 수 있을 것이다. 하지만 상사를 진심으로 미워하는 순간 그런 기회들을 모두 놓치게 된다. (여기서 말하는 것은 뼛속 깊이 진심으로 미워하는 경우다.)

상대의 마음을 헤아리기 위해서는 상대의 입장이 되어서 그 사람을 이해해 보려는 노력이 필요한데, 그건 최소한의 애정이 있을 때나 가능하다. 분노로 가득한 상태에서는 측은지심을 가지기 어렵다. 그러니, 나의 분노가 나의 성장의 가능성을 갉아먹는 것이다.

절이 싫으면 중이 떠나야 한다

누군가를 진심으로 미워하면 마음속이 어두운 기운으로 가득 찬다. 내 마음을 더럽히고 싶지 않다면 누군가를 증오하거나 미워하지 말아야 한다. 분노가 매일 반복되면 나의 삶은 오물로 가득해질 것이다. 한 사람 때문에 내 삶을 냄새나는 시궁창으로 만들어서는 안 될 노릇이다. 절이 싫으면 중이 떠나라고 하지 않았던가. 지금 당장 떠날 수 없다면, 적어도 자기 마음만은 보존할 수 있어야 한다.

어떤 리더에게도 배울 점은 분명히 있다. 절을 떠나기 전

에 혹시나 내가 놓치고 있는 성장의 기회가 있지는 않은지
한 번쯤 되돌아보자.

여자는 사무실 내 권력 싸움에
어떻게 임해야 하는가?

프로답게 참가하라

우리 회사에는 작고 조용하지만 카리스마가 있는 여자 선배가 있었다. 그녀는 어린 나이에 승진해 남자로 가득한 팀을 이끌게 되었는데 그중에는 우리 회사에서 가장 까다롭기로 소문난 남자 두 명이 포함돼 있었다. 그들은 덩치도 크고 업무에서도 베테랑인 만큼 웬만한 남자 선배들도 다루기 힘들어하는 사람들이었다. 오랜 경력으로 자신의 전문 영역에서는 타의 추종을 불허했던 만큼 누구의 간섭도 용납하지 않았고, 상대방의 실수에도 관대하지 않았다. 쉽게 주장을 굽히지 않아서 설득하기 어려운 사람들로 정평이 나 있었다.

여자 선배에게 카리스마가 있다고는 하지만 누가 보아도 우려되는 조합이었다. 그녀 앞에 펼쳐질 가시밭길이 훤히 보이는 것 같았다. 그런데 걱정스러운 표정으로 어깨를 다독여줬던 사람들의 염려와 달리 그녀는 멋지게 팀을 이끌었다. 고집 센 황소 같던 남자들이 그녀 앞에서는 순한 양처럼 고분고분해진 것이다. 지구가 두 쪽이 나도 안 들어줄 것 같던 부탁도 그녀의 한마디면 바로 "YES"로 바뀌는 모습은 놀랍다 못해 신기할 정도였다. 어째서 그들은 이렇게 고분고분해졌을까? 그녀는 큰소리 한번 내지 않고, 애쓰는 모습도 없이 무심하고 여유롭게 황소 무리를 몰고 갔다. 심지어 그중에서 나이도 제일 어렸는데 말이다!

파워게임에 프로로 참가하라

여러 가지 이유가 있겠지만 그녀는 남자들의 플레이를 잘 알았다. 한마디로 파워게임에 참가할 줄 아는 사람이었다. 그녀는 감정적이지 않았다. 항상 상대와 심리적으로 적절한 거리를 뒀기 때문에 친절한 동시에 쓴소리도 할 수 있었고, 누군가가 비난을 하더라도 자신을 보호할 수 있었다. 어떤 일이 일어나더라도 크게 동요하지 않는 태도는 상대 방에게 안정감을 주고 '믿을 수 있는 사람'이라는 이미지를 전달한다. 그녀는 너무 진지하지도 그렇다고 너무 가볍지도 않았고, 허점을 보이지도 않았으며, 대신 '겨룰 만한' 상대 가 되어주었다. 그리고 적절한 공격과 방어로 어떤 상대와 도 멋지게 플레이를 했다. 그게 내가 본 그녀의 성공 요인이 었다.

반면에 나는 사람들에게 친절해야 한다는 강박관념을 가 지고 있었다. 그래서 온 마음을 담아서 친절을 베풀고자 했 다. 그 때문에 누군가에게 쓴소리를 하기가 굉장히 어려웠 고, 누군가가 나를 공격할 때면 마음의 상처를 크게 받았다. 로버트 그린은 『권력의 법칙』에서 사회생활을 하는 이상 그 어떤 것도 개인적인 것으로 받아들여서는 안 된다고 했다. 우리는 주어진 역할을 충실하게 플레이할 뿐이고, 그에 대 한 피드백 역시 '나'가 아니라 '나의 자리와 위치'로 인해 받 는 것이기 때문이다.

게임에 감정을 싣는 건 아마추어라고 그는 말한다. 남자들은 사회에서 권력 싸움을 한다고 하지 않나. 누군가는 우스갯소리로 사무실에 있는 남자들을 운동장에 집합시키고 서열 순서대로 일렬로 서보라고 하면 본인이 누구 뒤에 서야 하는지 정확하게 알고 있을 것이라고 했다. 나는 그 이야기를 듣고 세상에 저런 야비한 종족이 다 있나 하는 생각을 했다. 누가 누구의 앞에 선다는 것 자체가 너무나 굴욕적이고 비열한 행위라고 생각했기 때문이다. 그런데 남자들의 세계에서 일하려면 좀 가볍게 접근할 필요도 있겠다. 『오만하게 제압하라』의 저자 페터 모들러와 『권력의 법칙』의 저자 로버트 그린이 공통으로 하는 말은 "권력 싸움은 게임과 같다"라는 것이다. 최선을 다해 임하지만, 결과에는 깔끔하게 승복하는 것이 게임이다. 게임에 감정을 개입시키는 것은 프로답지 못하다.

많은 여성들이 이런 남성들의 소통 방식을 충분히 이해하지 못해 회사 생활에서 어려움을 겪는다. 항상 마음을 다해 일하려 애쓰는 한편, 공격에는 발끈하고 자주 상처를 받게 된다. 그런데 남자들의 눈에는 이렇게 성심성의껏 일하는 여성의 모습이 미덥지 못하게 느껴지는 경우가 많다. 그들의 기준에서 이것은 게임이고, 게임에 감정을 이입해 상처를 받거나 기분이 크게 좌우되는 것은 미숙한 태도이기 때문이다. 물론 한편으로는 이런 남성 중심의 룰이 옳은지에 대해서 의문을 품을 수 있다. 아마도 여성의 참여가 더 많아지면서 이런 게임의 룰도 조금씩 바뀌리라 생각된다. 하지만 어찌 되었든 간에 지금 내가 남자들이 더 많이 플레이하는 판에 들어갔다면 우선 그 게임의 룰을 따라야 하는 것이 현실이다. 그러니 여성들이여, 이제 프로답게 게임에 임하라!

팀원의 목소리가
팀장만큼 강해진 시대

모두에게 책임감 있는 자세가 필요하다

30대 중반을 넘어가면서 주변에 '팀장'이 되는 사람들이 늘어났다. 언제까지나 회사에서 막내일 것만 같았던 우리도 이제 나이가 들어가고 있다. 그런데 팀장이 된 친구들을 보면 얼굴이 썩 좋지 못하다. 능력을 인정받아 이제 마음껏 기량을 펼칠 일만 남았을 것만 같았는데 막상 이야기를 들어보면 예상과 전혀 다른 일상이 그들 앞에 펼쳐지고 있었다.

늦은 밤 퇴근길, 버스 정류장에서 만난 한 친구는 다크서클이 턱까지 내려와 있었다. 팀원들은 모두 정시에 사라지고 없는데 혼자 10시까지 남아 일하는 현실이 죽을 맛이라고 호소했다. 친구는 상사에게는 '압박'을, 팀원들에게는 '반박'을 받고 있었다. 팀장이라는 직책을 가진다고 해서 무엇이든 지시할 수 있는 권위가 생기는 것은 아니었다. 어마어마한 양의 일이 내려오는데 팀원들은 그 일을 왜 본인이 맡아서 해야 하는지 모르겠다고 불평했다. 회사 일과 개인의 삶에 일정 거리를 두고 싶어 하는 팀원들은 납득할 만한 설명 없이 지시를 수용하는 법이 없었다. 그래서 이들을 설득할 여력도, 자신도 없는 이 친구 녀석은 팀원들이 서로 떠넘기기 바쁜 일을 대신 맡아 새벽까지 남아서 처리하는 방법을 선택했다. 오죽하면 '팀장 하기 싫은 사람들의 모임'까지 생겼겠는가.

직장인이 즐겨 찾는 블로그 중 하나인 '인터비즈'에서 2019년 '팀장클럽'이라는 모임을 만들었다. 샌드위치처럼 중간에 끼여 이러지도 못하고 저러지도 못하는 팀장들이 모여서 어려움을 하소연하고 나름의 해결 방안을 찾는 모임이다. 이 카테고리의 최초 포스팅은 '김 팀장은 왜 팀장을 하기 싫어졌을까'였다. 제목이 흥미로워서 기억에 남는다.

요즘 직원들은 상사에게 자신의 권리를 주장하고 더 나아가 날카로운 비판도 서슴지 않는다. 옛날에는 부하 직원이 상사 눈치를 보기 바빴지만, 이제는 상사가 부하 직원의 눈치를 보는 시대가 되었다. 비단 팀장뿐이겠는가? 요즘은 임원도 팀의 눈치를 본다. 누구나 직위로 인해 무소불위의 권력을 갖는 시대는 끝났다.

사장은 직원에게, 교사는 학생에게, 기업은 고객에게 직접적인 비판을 받는 세상이 됐다. 모든 사람에게 정보가 열려 있는 요즘 같은 시대에는 사람들의 지식수준이 높아져 어떤 자리나 직함이 주는 권력만으로 예전처럼 힘을 갖기 어려워졌다. 이러한 시대에 권위적으로 행동하는 것은 더 이상 통하지 않을뿐더러 오히려 반감만 일으킨다. 그렇다면 리더의 권위가 실추된 시대에는 어떤 식으로 리더십을 발휘해야 할까? 앞으로 리더가 권위를 갖는 것은 불가능한 일일까?

대커 켈트너의 책 『선한 권력의 탄생』에서는 오늘날의 권력이란 쟁취하는 것이 아니라 남들이 부여해 주는 것이라고 했다. 조직에 가장 많은 기여를 하는 사람에게 좋은 평판이 쌓이고 이것이 곧 그 사람의 위상이 돼 권력을 갖게 된다는 것이다. 하지만 이렇게 부여된 권력도 영원하지는 않다. 사람들은 뒷말을 통해 끊임없이 권력자를 견제하고 이것이 자정작용을 일으켜서 잘못된 권력자의 힘을 빼앗기도 한다.

이전 사회에서 권력을 가진 자가 그렇지 못한 자를 너무나 쉽게 이용하고 자신이 가진 힘을 소수에게만 유리한 방향으로 썼던 것을 생각해 봤을 때 이는 바람직한 움직임이 아닐 수 없다. 우리 사회는 이제 끊임없이 서로의 권력을 견제하고 다수를 위해 더 나은 방향을 모색할 수 있는 구도를 갖추게 된 것이다. 앞으로의 권력은 따뜻한 눈빛, 공감, 감사, 유머, 스토리텔링, 스킨십 등을 통해 유지될 것이다. 예전처럼 "나를 따라오라!"라고 외치면 끝나는 것이 아니라 진심으로 상대방의 마음을 얻어야 한다.

좋은 세상으로의 길이 활짝 열린 것만은 확실한데 리더로서 일하기에 쉬운 사회는 결코 아닌 것 같다. 앞으로 권력을 가진 사람들은 업무적으로 완벽해야 함은 물론 개개인에게 인간적인 관심을 가질 줄도 알아야 하기 때문이다. 강압적으로 지시하기보다는 충분한 설명과 이해를 바탕으로 구성원 스스로가 의욕을 가지고 일을 할 수 있도록 고취시켜야 하고 앞으로 나아갈 방향을 일방적으로 제시하기보다는 함께 고민해야 한다. 일만 잘하기도 어려운데 인간적이고 호감이 가는 사람까지 되어야 한다니 이쯤 되면 리더 하기 싫다는 말이 나올 법도 하다. 옛날에도 쉬운 자리는 아니었 겠지만 요즘 리더는 더욱 견디기 힘든, 어려운 자리가 됐다.

이제 개개인도 자신이 가진
힘의 무게를 느낄 줄 알아야 한다

이제, 높은 지위에 있지 않은 일반 사람도 예전보다 훨씬 강한 힘을 갖게 되었다. 이는 개개인에게도 더 많은 책임과 신뢰 있는 모습이 요구된다는 뜻이다. 개인도 리더와 동등 한 목소리를 낼 수 있고, 잘못된 것은 주저하지 않고 비판할 수 있다. 팀장의 권위가 줄어들었다고 느껴지는 것은 직원 들의 권위가 그만큼 커졌기 때문일 것이다.

그렇다면 그들도 힘을 갖게 된 만큼 자신의 힘을 올바르 게 쓰고 그에 대해 책임질 수 있는 사람이 되어야 한다. 이 것은 비단 회사 내에서만의 문제는 아니다. 수많은 사람이 동등한 권한을 가지고 목소리를 낼 수 있는 온라인상에서 도 마찬가지다. 자신의 목소리에 힘을 얻은 만큼 책임감 있 게 행동할 줄 아는 애티튜드가 절실히 요구되는 때다.

3부

직장 생활의 팔 할은 커뮤니케이션이다

'착하다'는 것이
옥이 되어버린 사회

착한 사람은 루저일 수밖에 없는가?

TV 활동이 뜸하다가 오랜만에 얼굴을 내미는 연예인들에게 "그동안 뭐 하셨어요?"라고 물어보면 "사기당해서 전 재산을 다 날리고 빚 갚느라 고생했어요"라고 대답하는 것을 종종 볼 수 있다. 본인이 사업을 하다가 재산을 날린 경우 말고, 상대방에게 속아서 돈을 잃은 경우 말이다. 그런 이야기를 하는 연예인들이 내가 본 것만 족히 열 명은 되는 듯하다.

한국에서 사기죄는 잘 처벌되지 않고, 피해액을 회수받기는 거의 불가능에 가깝다고 한다. 그런 환경 때문인지 우리나라는 2013년에 경제협력개발기구(OECD) 국가 중 사기 범죄율 1위를 기록한 바 있다. 검사로서 숱한 사기 범죄를 다루었던 김웅 전 검사는 그의 책 『검사내전』에서 "사기는 남는 장사"라고 말한 적이 있다. 사기를 쳐서 형을 받는다고 하더라도 잠깐 살고 나오면 가해자는 배를 불리고 불행은 온전히 피해자의 몫으로 남기 때문이다. 이 정도면 "우리나라는 사기 치기 좋은 나라"라는 말이 더 이상 소수의 푸념이라고만 할 수는 없을 듯하다.

사람들이 사기를 당하는 원인을 살펴보면 일확천금을 노리려는 욕망 때문인 경우도 있지만, 신뢰 관계로 인한 것도 많다. 대부분 잘 아는 사이니까 믿어주다가 속는다는 것이다. 한국금융투자자보호재단에 따르면, 실제로 금융 사기의 87.3%는 아는 사람에게 당한 경우라고 한다. 그런데 아이러니하게도 사람들은 가해자보다 피해자를 더 어리석게 보는 경향이 있다. 피해자조차 가해자를 원망하기보다는 자신을 자책하게 되어, 피해자의 절반 이상이 우울증에 시달린다고 한다.

가까운 사람을 신뢰한 것이 과연 어리석은 일일까? 언젠가부터 우리 사회는 누군가를 착취하고 이용하는 사람은 똑똑하고 피해를 당하는 사람은 어리석다는 잘못된 인식을 갖고 있는 듯하다.

선행의 가치를 낮추어 보는 사회는 위험하다

착하다는 말은 욕이 된 지 오래다. 누군가에게 "착하다"라고 말하고 상대방의 반응을 살펴보라. 묘한 표정으로 듣다가 십중팔구 이렇게 말할 것이다. "그거 욕 아니야?"

착하면 손해를 보는 사례는 신문과 뉴스에서도 찾아볼 수 있다. 지나가다가 폭행을 당한 사람을 구해줬더니 오히려 구해준 사람을 신고했다던가 물에 빠진 사람을 구해준 구급대원이 폭행당했다는 보도를 접하게 된다. 그리고 이것은 회사에서도 동일하게 적용되어 남의 부탁을 잘 들어주고, 궂은일을 맡아 하면 그 사람은 다루기 쉬운 사람, 필요할 때마다 써먹을 수 있는 사람으로 인식되어 더 많은 일을 그에게 아무런 죄의식 없이 떠넘기는 지경에 이르게 된다. 그러니 신입 사원 때는 그렇게 부드럽고 친절하던 김 대리가 입사 5년 만에 '이 구역의 미친년'을 자처하고 있는 게 아니겠는가.

물론 호의는 선별적으로 베풀어야 한다. 책 『기브 앤 테이크』의 저자 애덤 그랜트는 호의를 베푸는 자는 관계 서열에서 최하위에 위치할 수도, 최상위에 위치할 수도 있다고 했는데 최하위에서 벗어나 최상위로 가는 방법은 상대에 따라 선별적으로, 그리고 자신의 의지에 따라 선택적으로 호의를 베푸는 것이라고 한다. 자신의 모든 권리를 상대방에게 맡긴 채 베푸는 것은 호의가 아니라 종속이기 때문이다. 이렇게 자신의 주도하에 주체적으로 호의를 베풀 줄 아는 능력은 물론 너무나 중요하다. 하지만 그렇다고 해서 조건 없는 베풂과 선행의 가치를 낮추어 보고 그것을 비하하는 것은 위험하다.

대가 없이는 아무도 친절을 베풀지 않는 사회, 호의를 베푸는 자를 어리석게 보고 이용하는 사회는 그 자체로 살아 있는 지옥일 것이다. 한때 젊은 세대가 한국을 '헬조선'이라고 불렀던 것엔 이렇게 소중한 삶의 가치가 훼손되어 버린 영향도 있지 않을까?

다시 정상을 찾아서

하지만 다행히도 우리 사회에는 회복 본능이라는 것이 있다. 상처가 나면 세포가 열심히 일해서 저절로 본래 모습을 되찾듯, 오랜 시간 극심한 경쟁의 분위기에 지친 MZ세대가 주축이 되어 자연스레 베풂과 선행의 가치를 다시 회복하고 있다.

착한 가게가 뜬다. 착한 소비를 하는 사람들

자본주의에서 자란 MZ세대는 가치에 대한 표현도 돈으로 한다. 불우이웃을 도와준 피자 가게에 '돈쭐'을 내주는 소비자들, 상품 강매와 폭언을 일삼는 비윤리적 기업에 대해 불매 운동을 벌이는 소비자들처럼 말이다. 이같이 젊은 층을 주축으로 선한 가치를 소비의 기준으로 삼는 사람들이 늘면서 기업은 이례적으로 '착한 기업' 포지셔닝에 적극 나서고 있다. 한동안 이 사회가 버려왔던 '선량함'의 가치, 개개인이 각자의 이득을 추구하면서 내던졌던 '착함'의 가치가 기업의 경제적 이득을 위해 다시 부각되어 화제를 일으키는 것이 아이러니하기도 하다. 소비자가 주축이 되어

선한 가치를 되찾고 있는 지금, 이런 사회적 분위기라면 직장 내 괴롭힘과 갑질 문화도 뿌리 뽑을 수 있지 않을까 기대가 된다.

착하다는 말이 다시 칭찬이 되는 사회를 꿈꾼다. 베푸는 사람이 더 이익을 보는 사회, 믿어주고 도와주면 더 큰 보답으로 돌아오는 사회, 그게 바로 모두가 행복하게 살 수 있는 사회가 아닐까.

착한 사람이
"NO" 하는 방법

작은 목소리도 큰 힘을 가지고 있다

나는 소위 착한 사람 콤플렉스가 있는 사람이었다. 그리고 그것을 벗어나는 데 오랜 시간이 걸렸다. 어릴 적 군인이셨던 아버지는 딸인 우리가 아들 못지않게 씩씩하고 자립심 강한 사람으로 자라기를 바라셨고, 반면에 어머니는 행여 돌부리에 걸려 넘어질까 노심초사하며 우리를 기르셨다. 이런 두 분 밑에서 크면서 내 안에는 걱정이 많고 예민한 엄마의 기질과 장군 같은 아빠의 기질이 공존했다. 전체적으로 보자면 나의 성격은 엄마의 여린 면을 더 닮았다.

부모님은 법 없이도 살 수 있을 정도로 선한 품성을 지니

셨고, 그 밑에서 나는 대체로 착한 것이 미덕이라고 배우며 자랐다. 그런데 교환학생을 다녀온 뒤였다. 처음으로 부모님께 물려받은 각기 다른 기질이 서로 충돌하기 시작했다. 중학생 때부터 조금씩 부모님과 거리 두기를 했던 언니와 달리 자아 발달이 늦었던 나는 무조건적 복종 수준으로 부모님 말씀을 따랐다. 그러다가 스물두 살 때 처음으로 부모님과 떨어져 캐나다에서 교환학생으로 8개월을 살게 됐다. 내가 스스로 모든 것을 해야 했던 첫 독립 생활이었다.

외국문화에 대한 호기심이 많았던 나는 새로운 생활에 지체 없이 뛰어들며 씩씩한 기질을 발휘해 모든 것을 직접 경험해 보았다. 물 만난 물고기처럼 행복했다. 학교에서 열리는 무료 공연에 다니며 취미 생활이라는 것도 해봤고, 다양한 모임에 참가하며 새로운 친구들과 어울렸다. 난생처음 나에게 이래라저래라 하는 사람 없이 내가 하고 싶은 일을 하고 가보고 싶은 곳에 가는 즐거움은 비길 데가 없었다. 자유에 대한 갈망은 생각보다 꽤 컸었나 보다. 나는 매일 새로운 나를 발견하고 있었다.

그렇게 행복했던 캐나다 생활을 마치고 집으로 돌아가는

비행기에서 나는 2시간을 내리 울었다. 옆에 앉은 교포 아주머니가 무슨 일이 있었냐며 말없이 우는 나를 다독여줄 정도였다. 나보다 영어를 훨씬 잘하던 친구도 하루에 몇 번씩 집에 전화해서 한국이 그립다고 했는데 나는 말은 잘 통하지 않아도 자유로웠던 이 땅을 떠나 한국에 돌아가는 것이 너무나 싫었다. 아니나 다를까 한국에 돌아오니 모든 것이 달라 보였다. 집도, 부모님도 똑같았는데 내 눈에는 모든 것이 낯설게 느껴졌다. 내가 완전히 달라져서 돌아온 것이다. 도저히 예전처럼 살 수가 없었다. 부모님 기준에 더 이상 나를 끼워 맞추기 어려웠고, 콘센트에서 플러그를 뽑는 일에서부터 옷 사는 일까지 전부 통제당하는 생활에 숨이 막힐 것 같았다.

　기존의 '복종' 자세를 벗어던진 내가 선택한 것은 '혁명' 자세였다. 부모님의 말씀에 반기를 든다는 것은 나에게는 엄청난 도전이었고, 그 도전은 작은 용기로는 실현 불가능한 것이었다. 나에게는 거대한 벽이었고, 그것을 깨부수려면 엄청난 파괴력이 필요했다. 그래서 나는 나의 권리를 찾고 행복해지기 위해서 두 눈에 모든 에너지를 모아 레이저를 뿜으며 부모님께 반항했다. 돌변한 내 태도를 보고 엄마가 기겁하신 것은 당연한 일이었다. 외국에 다녀오더니 괴물로 변신해서 돌아온 딸로 인해 부모님은 큰 상처를 받으셨다. 하지만 내 주장이라고는 해본 적이 없었던 나로서는 그것이 나의 자유와 권리를 되찾을 수 있는 유일한 방법이었다. 내 행복을 찾기 위해 엄마에게 상처를 주는 불행한 일이 한동안 반복됐다.

진짜 대화를 하는 법

이제 와 돌이켜보니 이것이 얼마나 잘못된 대화법이었는지 알 것 같다. 『말 그릇』의 저자 김윤나는 누구에게나 간절히 전하고 싶은 깊은 속내나 상대방에게 바라는 마음이 있는데, 감정을 제대로 다루지 못하는 사람은 욱하며 화를 내거나 과도하게 감정 표현을 해서 사람들과 멀어지게 된다고 했다. 이렇게 되면 상대방에게 나의 의사를 제대로 전달하기 어렵고, 진짜로 원하는 결과는 얻지 못한 채 서로에게 상처만 남길 수 있다.

소위 '착한 사람'이 이런 양극단의 태도를 보이는 이유는

"NO"라는 말을 하기까지 너무나 많은 심리적 장벽에 둘러싸여 있기 때문이다. 이런 사람들은 상대에게 직접적으로 반대 의견을 제시하기를 부담스러워하기 때문에 보통 상황을 회피하거나 다른 방향에서 이상한 방식으로 표현을 하게 된다. 설사 문제에 정면으로 대응하기로 결심하더라도 내가 외치는 "NO"를 제대로 전달하기 위해서는 아주아주 큰 목소리가 필요하다고 생각한다.

내가 같은 상황에서 "엄마에게 상처가 될 수도 있겠지만 이제 저도 성인이니 선택은 제가 할게요"라고 조곤조곤 이야기했더라면 어땠을까. 굳이 큰 소리로 화를 내지 않아도 상대방이 나를 해치지 않으며, 내 목소리를 충분히 힘 있게 전달할 수 있다는 확신을 가졌더라면 어땠을까. 그랬다면 여리디여린 엄마의 마음에 생채기를 내지 않을 수 있었을 텐데 말이다.

나의 감정을 있는 그대로 마주한다는 것은 용기가 필요한 일이다. 그리고 그것을 표현하는 데에는 아무리 작은 목소리라 하더라도 고함을 지르는 것만큼의 큰 과감함이 필요하다. 여기서 우리가 명심해야 할 것은 작은 목소리도 큰 목소리만큼 강한 힘을 가질 수 있다는 사실이다. 원만한 인간관계를 위해서는 나의 의사를 제대로 전달하는 것이 매우 중요하다. 나를 적절히 표현하면서도 상대방에게 상처를 덜 주기 위해 오늘부터라도 조금씩 작은 목소리로 "NO"를 표현하는 훈련을 해보자.

그래서 네가
진짜로 원하는 게 뭐야?

원하는 것을 명확하게 아는 것이
관계 개선의 지름길이다

오래 기다려왔던 자전거 라이딩

우리 부부는 자전거를 산 뒤로 눈만 뜨면 라이딩 나갈 생각만 했다. 하지만 야속하게도 여름 장마는 2주 넘게 계속됐다. 긴긴 장마 기간이 끝나고 드디어 해가 반짝하고 뜬 주말, 벼르고 벼르던 자전거 주행에 나섰다. 그런데 남편은 모르는 일이 하나 있었으니 며칠 전 잠깐 비가 갰을 때 나 혼자 자전거를 타고 동네 한 바퀴를 돌다가 대차게 넘어졌다는 사실이었다. 누구와 부딪힌 것도 아니고 유유자적 타고 가다가 아주 작은 돌부리에 걸려 넘어진 것인지라 스스로도 어처구니가 없었다. 그 뒤로 자전거를 탈 때마다 마음이 놓이지 않았다. 바퀴가 미끄러지는 건 아닌지, 브레이크가 고장 나는 건 아닌지, 몸체가 분해되는 건 아닌지 망상에 가까운 불안감을 느끼게 됐다. 게다가 마침 주말 라이딩을 가기로 한 날은 새벽 기상을 한답시고 지나치게 일찍 일어나서 잠이 부족한 상태였다. 여러모로 컨디션이 좋지 않았지만 모처럼의 기회였던지라 군말 없이 아침 일찍 집을 나섰다.

하필 컨디션이 난조일 때 극한의 라이딩이라니

하지만 이런 나의 사정을 모르는 남편은 그간 쌓인 갈증을 다 해소해 보리라는 기세로 달리기 시작했다. 우리는 장승배기역에서 시작해 시청, 청와대, 부암동, 평창동을 지나 정릉까지 4시간을 쉬지 않고 달렸다. 처음에는 쏟아지는 땀을 즐겼지만, 오르막길이 끝없이 계속되자 슬슬 인내심에 한계가 오기 시작했다. 가파른 언덕에서 페달을 밟을 때마다 내 신경도 같이 건드려지는 것 같았다. 식사를 한 지도 한참 지나서 에너지가 떨어지고 얼굴에는 웃음기가 사라졌다. 하지만 조금만 더 가면 쉴 수 있겠지 생각하며 포기하지 않고 안간힘을 다해 달리고 있었다. 드디어 언덕길이 끝나고 평지가 시작된 시점, 이제 살 것 같다고 생각하고 있었는데 남편이 뒤를 돌아보더니 "우리 다음 목적지는 남산으로 하는 게 어떨까?"라며 싱긋 웃었다.

부아가 치민다는 게 이런 것인가. 컨디션이 좋지 않았던 나는 남편에게 틈나는 대로 불안한 마음을 내비쳤었다. 경사진 길을 가면 미끄러지지는 않을지, 브레이크가 혹시 고장 나지는 않을지 걱정된다고 이야기했다. 멀쩡한 평지에서도 180도 공중회전하며 넘어진 경험이 있는지라 평상시보다 신경을 곤두세우며 라이딩을 하다 보니 에너지가 두 배로 소모되고 있었다. 이대로라면 백 미터도 못 갈 것 같았다. 굳이 말하지 않아도 이쯤 되면 슬슬 마무리하고 집으로 돌아가자고 이야기할 법도 한데, 지옥 같은 언덕길을 또다시 올라가자고 하다니! 나도 모르게 얼굴이 붉으락푸르락해지고 말았다.

그제야 어둠의 기운을 느낀 남편은 자세를 고쳐 잡고서 다른 옵션들을 제시했다. "집에 갈래? 쉬었다 갈까? 조금 더 타고 싶어?" 하지만 나는 그 어떤 말에도 대답하지 못했다. 내가 피곤한 줄도, 힘든 줄도 모르고 혼자 신난 남편에게 화가 났다. 그리고 한편으로는 오랜만에 나와서 주말을 제대로 즐기고 싶은데, 컨디션 조절에 실패해 그러지 못하는 스스로에게도 화가 났다. 한마디로 내 안에는 여러 욕구가 마구 뒤섞여 내가 뭘 원하는지조차 제대로 알기 어려웠다. 그러다 보니 남편에게 원하는 것을 명확히 말하지 못하고 그저 뾰로통하게 있는 상황이 연출된 것이다.

내가 뭘 원하는지를 명확하게 표현하는 훈련이 필요하다

당황해서 이것저것 물어보던 남편도 슬슬 인내심의 한계에 이르렀다. 대화가 끊기고, 우리 사이엔 싸늘한 기운이 맴돌기 시작했다. 이러다가 각자 다른 길로 집에 갈 수 있겠다는 생각이 들 무렵, 누가 봐도 맛집인 평양냉면집이 눈앞에 보였다. 냉랭하던 분위기였지만 식사를 하자는 데에는 이견이 없었다. 우리는 들어가서 걸신들린 듯 주린 배를 채웠다. 그제야 나는 마음이 풀려 집으로 가자고 말할 수 있었다. 음식점을 발견해서 천만다행이었지, 아마도 그 상태를 10분만 더 지속했다간 크게 싸웠을지 모른다. 평양냉면이 없었다면 우리 관계 자체가 위기에 봉착했을지도 모를 일이다.

관계를 개선하는 지름길, 내가 원하는 것을 아는 것

내가 원하는 것을 명확하게 표현하지 않아서 트러블이 생기는 경우는 의외로 많다. 이 중 상당수는 자신이 무엇을 원하는지 스스로도 정확히 모르기 때문에 생겨난다. 그러니 당연히 의사를 똑바로 전달하지 못하고, 원하지 않는 상황이 지속되는 것이다. 원치 않는 상황이 지속되면 불평불만이 쌓이고, 보통 그 불평불만은 함께 있는 누군가를 탓하고 비난하는 방식으로 나타난다. 비극이 따로 없다.

『비폭력 대화』를 쓴 마셜 B. 로젠버그는 '비폭력 대화'를 위한 중요한 요소 중 하나로 '나의 욕구 알기'를 들었다. 자신이 원하는 것이 무엇인지를 분명하게 알지 못하면 '원하는 것' 대신 '싫어하는 것, 없어졌으면 하는 것'에 초점을 맞춰 말하게 된다. 이것은 원하는 방향으로 나아가는 대신 부정적인 생각만 크게 확대시키는 소통 방식이다. 대화는 불평과 비난에 더욱 무게를 두게 되고 행복한 결말과는 점점

거리가 멀어지게 된다.

혹시 회사에서 대화할수록 트러블이 더욱 커지는 관계가 있는가? 도저히 풀어낼 수 없을 것 같은 관계의 지옥에 갇혔다고 생각되는가? 그렇다면 끝도 없이 부정적으로 치닫는 그 대화를 멈추고 잠시 숨을 돌려보자. 여기서 당신이 원하는 이상적인 결과는 무엇인가? 당신에게 숨겨진 욕구는 무엇인가? 유능해지고 싶은 욕구, 협력하고 싶은 욕구, 성취하고 싶은 욕구 모두 다 좋다. 당신의 욕구를 발견했다면 그다음엔 불만을 쏟아내는 상대방의 욕구를 헤아려보자. 혹시 인정받고 싶은 욕구나 자존감을 지키고 싶은 욕구가 보이지는 않는가? 그렇다면 그의 욕구를 존중하는 대화를 시작해 보자. 엉켜 있던 실타래가 하나씩 풀리는 것을 경험하게 될지도 모른다.

지름길로 가자. 내가 원하는 것을 알고 그것을 명료하게 전달하는 것만으로도 꼬여 있는 관계를 훨씬 빠르게 개선할 수 있다. 어렵게 돌아가지 말고 당신이 원하는 그 길로 직행하자. 나 자신을 정확하게 파악하는 것이 관계 개선의 지름길이다.

당신의 말이 먹히지 않는 이유

몸으로 보내는 신호는
언어보다 강력하다

사회생활은 설득의 연속이다

직장 생활이 힘든 이유는 여러 가지가 있겠지만 무엇보다 누군가를 설득하는 것이 어렵기 때문이 아닐까? 생각해 보면 직장에서 매 순간 우리가 하는 일은 누군가를 설득하는 일이다. 준비한 제안서로 상사를 설득해야 하고, 각자 맡은 일을 배분하면서 팀원들을 설득해야 하고, 부문 간 미팅에서 상대 부서를 설득해 우리 부서의 입장을 납득시켜야 하고, 물건을 팔기 위해 고객을 설득해야 한다. 설득이란 나의 의견을 상대방에게 관철하는 것으로 그 근원에는 '신뢰'가

자리 잡고 있다. 설득에 성공한다는 것은 상대가 나의 말을 신뢰한다는 뜻이기도 하기 때문이다. 우리는 상대방에게 신뢰를 얻기 위해 끊임없이 노력한다. 그런데 때로 나의 보디랭귀지가 적극적 방해꾼이 되어서 내 말의 신뢰를 깎아 먹고 있다는 사실을 아는가?

말과 보디랭귀지가
정반대의 메시지를 보내면 발생하는 상황

우리는 의사소통을 할 때 '음성 언어'에 집착하는 경향이 있다. 그래서 계속 말하고 또 말한다. 전달이 되지 않은 것 같으면 더 길게 설명하고 확인하기 위해서 다시 또 말한다. 소통이 잘되지 않는다고 여길수록 더 많이 말한다. 제대로 전달하기 위해 수없이 말을 '반복'해야 한다고 생각하는 것이다. 그런데 웬만큼 사회생활을 해본 사람은 알 것이다. 때로는 말을 많이 할수록 상대방과 점점 더 멀어지는 기분을 느끼게 된다는 것을 말이다.

인간이라고 해도 소통하는 방법은 동물과 근본적으로 다르지 않다. 사실, 사람들은 당신의 말을 잘 듣지 않는다. 캘

리포니아대학교 UCLA 심리학과 명예교수 앨버트 머레이비언의 커뮤니케이션 이론인 '머레이비언의 법칙'에 따르면, 사람 간에 일어나는 의사소통에서도 언어가 차지하는 비율은 7%, 목소리의 톤이나 빠르기, 크기가 차지하는 비율은 38%, 보디랭귀지가 차지하는 비율은 55%라고 한다. 결국, 소통의 93%는 언어가 아닌 몸짓이나 뉘앙스로 이루어진다는 것이다. 만약 누군가에게 언어와 보디랭귀지가 서로 다른 메시지를 전달하면 어떻게 될까? 보디랭귀지의 메시지를 우선적으로 받아들이게 된다.

우리는 매 순간 자세와 표정, 그리고 몸짓으로 끊임없이 상대방에게 시그널을 보낸다. 눈동자의 흔들림, 몸이 향하는 방향, 목소리에 들어가는 힘, 긴장되거나 이완된 자세 등으로 말이다. 문제는 이것을 의도한 때도 있지만 대체로 의도하지 않은 상태로 드러내면서 나에 대한 정보를 노출시킨다는 것이다. 그리고 무의식적으로 보디랭귀지를 통해 전달되는 시그널은 우리가 언어로 전달하는 메시지보다 더 강력한 영향력을 지니는 경우가 많다. 이것이 내가 의도한 메시지와 같은 시그널이라면 더할 나위 없이 좋겠지만 문제는 내가 의도한 것과 다른 메시지를 전하며 내 말의 신뢰도를 깎는 방해자 역할을 한다는 것이다. 나도 오랫동안 내가 비언어적으로 잘못된 메시지를 보내고 있음을 모른 채 회사 생활을 했다.

사람은 생각보다 논리적이지 않다

만약 내가 몸으로 보내는 메시지(구부정한 자세, 자신 없는 목소리, 불안한 표정, 지나치게 빠른 말투)가 신뢰할 수 없는 사람이라는 신호를 전한다면, 아무리 열심히 자료를 준비하고, 논리적인 프레젠테이션을 하더라도 상대방을 설득하기는 어려울 것이다. 호감도 앞에서 팩트나 논리 등이 무력해지는 경우를 심심찮게 보지 않았던가? 그것을 외모 때문으로 여기는 사람도 있지만, 사실 좀 더 정확하게 말하자면 외모가 아니라 외적 제스처 때문이다. 불안정한 목소리로, 듣는 사람은 한 번도 쳐다보지 않고 화면만 바라본 채, 웅얼거리는 발음으로 프레젠테이션을 한다면 발표자가 아무리 잘생겼더라도 그의 제안이 채택되기는 어려울 것이다.

안타깝게도 우리는 다른 사람의 입장에서 자신을 본 적

이 없기 때문에 내가 보디랭귀지로 어떤 메시지를 보내는지 잘 모르는 경우가 많다. 아마 한 번이라도 나의 모습을 비디오로 녹화해 봤다면 내가 전하려던 메시지가 상대방에게 먹히지 않는 이유를 금세 알아차렸을 것이다. 내 말에 설득력이 없었던 것은 논리가 아니라 보디랭귀지 때문이었다. 여러분은 나보다 더 빨리 이 점을 파악해서 좀 더 수월하게 회사 생활을 할 수 있었으면 좋겠다.

직장 생활을 수능으로 치면
국어 영역이다

A를 A로 전하는 것의 어려움

회사는 수많은 사람이 모여 공동의 목표를 달성하기 위해 협업하는 곳이다. 함께 회의를 하고, 회의에서 정리된 내용을 보고하고, 상사가 의사 결정을 내리면 그것을 바탕으로 다시 업무가 진행된다. 이러한 일련의 과정에서 우리는 끊임없이 커뮤니케이션을 주고받는다. 일의 본질이 엔지니어링이건, 마케팅이건, 디자인이건 직장인은 대부분의 시간 동안 업무를 정리하고, 보고하고, 지시를 받고, 다시 전달하는 작업을 반복하게 된다.

아무리 주어진 일을 잘하더라도 본인이 한 것을 상사에게 잘 보고하지 못하거나 상부의 지시 사항을 제대로 반영하지 못한다면 회사에서 성공하기는 어렵다. 반대로 뛰어난 기술이 없더라도 여러 자료를 통해 시장을 잘 조사하고(읽기), 회의에서 논의된 사항을 잘 이해하고(듣기), 정리한 내용을 보고서로 잘 만들고(쓰기), 상사에게 적시 적소에 잘 전달하면(말하기) 회사에서 A+ 인재라는 평가를 받을 수 있다.

그러던 어느 날 문득 깨달았다. 읽기, 듣기, 말하기, 쓰기? 한 발 물러서서 바라보니 직장 생활에서 승진을 좌우하는 주요 요인이 국어 교과의 범주 안에 모두 들어가는 것 아닌가.

다시 발견하는 국어 영역의 어려움

십여 년 전 대학 졸업을 앞뒀을 때 입사 지원서를 넣는 회사마다 원하는 인재상으로 '커뮤니케이션 능력이 우수한 직원'을 내세웠다. 커뮤니케이션? 한국 사람이 한국말로 한국 사람과 대화하는 데 무슨 커뮤니케이션 능력씩이나 필요해? 그때까지 내게 커뮤니케이션이란 친구들과 쉬는 시간에 모여 연예인에 관해 이야기하거나 절반만 완성(나머지 절반은 눈빛으로 완성)된 문장으로 가족과 대화하는 게 전부였다. 사회생활이 전무한 대학생에게 커뮤니케이션은 그저 '개떡같이 말해도 찰떡같이 알아듣는 센스' 정도였던 것이다.

그런데 직장 생활을 10년쯤 하고 나니 상황이 달라졌다. 놀랍게도 직장 생활을 하면 할수록 내가 의도하는 바가 그대로 전달되기가 얼마나 어려운지를 뼈저리게 깨달았다. 다들 비슷한 경험이 있을 것이다.

- 임원이 팀장 회의에서 A를 설명한다. → 팀장들이 각 팀에 돌아가서 B, C, D, E로 전달한다.
- 팀장이 F에 관해서 이야기하고 있다. → 팀원이 F가 아닌 G에 대해 질문을 한다.
- 거래처에 H가 H인 이유에 대해서 30분 동안 설명한다. → 한 시간 뒤에 거래처로부터 왜 H인지 모르겠다는 질문이 다시 돌아온다.

대체 왜 이러는 걸까? 왜 회사에서는 의사 전달이 이토록 어려울까? 나는 평상시 친구들과 대화할 때면 이야기를 재미있게 하는 편이었다. 흥미진진하게 도입부를 이끌고 가서

클라이맥스에서 빵 터뜨릴 때의 즐거움은 나의 몫이었다. 그런데 회사에서는 그런 화법이 전혀 통하지 않았다. 회사에서 업무적으로 대화를 할 때와 친구들과 대화를 나눌 때에는 아주 중요한 차이가 있었는데 나는 그것을 모르고 있었다.

재미있는 이야기를 들을 때와 업무 이야기를 들을 때 사람들은 다르게 반응한다

보통 재미있는 이야기는 기승전결의 구조를 갖는다. 듣는 사람이 충분히 이야기에 몰입할 준비가 되어 있고, 시간적 여유가 있는 경우에 한해서 말이다. 하지만 탁구공을 주고받듯이 빠르게 정보를 전달해야 하는 업무 상황에서는 말이 길어지면 듣는 사람의 마음이 조급해진다. 그리고 결론이 무엇인지 스스로 유추하려고 한다.

오래전 〈가족오락관〉이라는 TV 프로그램이 있었다. 거기서 인기 있었던 게임 중 하나가 헤드폰을 낀 채로 제시된 문장을 보고 옆사람에게 입 모양만으로 의미를 전달해서 마지막 사람이 어떤 문장이었는지를 말하는 것이었다. 겨우 한 문장일 뿐이었는데 대여섯 사람을 거쳐서 마지막 사람이 외치는 것은 최초에 제시된 것과 완전히 다른 엉뚱한 말이었다. 시청자들은 깔깔대며 웃었지만 내가 전달한 내용을 상대가 전혀 다르게 받아들이고, 상대가 말한 것을 내가 전혀 다르게 받아들이는 이런 일은 생활 도처에서 일어난다.

바보의 벽

일본의 저명한 지식인 요로 다케시는 그의 베스트셀러 『바보의 벽』에서 인간의 뇌에는 알고 싶지 않은 정보를 스스로 차단하는 '바보의 벽'이 있다고 말했다. 의도적이든 아니든 사람들은 무의식적으로 알고 싶지 않거나 관심이 없는 정보를 지워버리고 자신이 생각하는 바에 상황을 끼워맞춰서 해석한다. 그래서 A라고 알려줘도 B, C, D로 왜곡해서 받아들이는 것이다.

당신이 무언가를 '보려면', 뇌의 예측과 입력되는 데이터가 일치해야 한다.

－데이비드 이글먼, 『인코그니토』중

뇌는 처리해야 할 정보의 양이 너무나 많기 때문에 효율적으로 작동하기 위해 항상 자신이 기존에 가지고 있던 개념을 기반으로 사실을 해석한다. 만약, 기존 개념 중 일치하는 것이 없다면 그 사실은 입력되지 않거나 기존 개념과 비슷한 것으로 왜곡된다. 똑같은 정보를 가지고도 저마다 다르게 해석하는 이유다.

결론부터 짧게 이야기하기

그렇다면 우리는 어떻게 대화해야 하는가? 보통 왜곡은 대화 중에 던지는 작은 단서로부터 시작된다. 결론부터 말하지 않으면 사람들은 자신이 들은 단서에 자기만의 연결고리를 이어 생각을 전개할 것이다. 그리고 말이 길어질수록 연결 고리를 가진 단서가 많이 나오고 그를 통해 자신만의 결론으로 도달할 확률이 더 커진다. 따라서 왜곡 없이 말을 전달하기 위해서는 결론을 가장 앞에 두고 최대한 말을 짧게 해야 한다.

역피라미드식 대화

결론부터 이야기하는 것은 일반적인 대화 방식과 상당히 다르다. 역피라미드식 대화는 말하려는 내용에 대해 스스로 충분히 정리한 상태에서만 할 수 있다. 그것은 상대의 시간을 절약해주는 것이기에 오히려 상대를 가장 많이 배려하는 대화법이기도 하다.

내 생각을 배제하고 상대의 의도를 최대한 그대로 받아들이는 것만큼이나 상대가 상상의 나래를 펴지 않도록 최대한 간결하게 말하는 것도 중요하다. 한국인이 한국인에게 한국어로 이야기하는 데에도 생각보다 많은 의지와 노력이 필요하다. 커뮤니케이션이 어렵다는 생각이 드는 것은 어쩌면 그동안 그것을 너무 쉽게 생각했다는 방증일지 모른다. 회사 생활에서 소통이 어려웠던 것은 내가 회사식 커뮤니케이션 기법을 쓰지 않았기 때문이었다.

넥타이를 맸다고
모두 신사는 아니다

분노는 어디까지 정당한 것일까

회사는 영리를 위해 모인 집단으로 단체의 이익을 위해서 개개인의 사사로운 감정은 배제해야 함을 암묵적인 원칙으로 한다. 하지만 여러 사람이 얽히고설켜 일하는 곳이니 갈등이 없을 수가 없고, 갈등 상황에서 나도 모르게 솟아오르는 감정을 감추기란 쉽지 않은 일이다. 서로를 아껴주는 사람들끼리 모여 있는 가족공동체도 항상 화목할 수는 없는 노릇인데 하물며 나와 성향도 성격도 전혀 다른 사람들이 모여서 일을 해나가야 하는 회사는 오죽할까. 회사 생활을 하면서 사람들 간의 갈등으로 감정이 폭발할 것만 같은 아슬아슬한 순간들을 경험했고, 결국 본능이 이성을 덮쳐버려서 넘지 말아야 할 선을 넘는 것을 목격하기도 했다.

회사에서 주먹다짐이 웬 말인가

회사 매출이 곤두박질쳐서 대책 회의가 열렸다. 중대한 이슈를 논의하려고 모인 만큼 모두가 잔뜩 긴장한 상태였다. 이번 미팅에는 회사 일이라면 두 팔을 걷어붙이기로 소문난 영업팀의 A 부장과 고객응대팀의 B 부장이 참석할 예정이라 설전이 예상됐다. 자신이 맡은 일에 대한 책임감과 소명 의식이 투철한 분들이었다. 회사를 살릴 수 있는 방향에 대해 다양한 의견이 나왔지만, 그중에서도 A, B 두 사람의 의견 차는 유독 좁혀지지 않았다. 점차 목소리가 격앙되며 둘은 대화의 수위를 낮추지 못했고, 결국에는 인격 모독까지 하며 비아냥거리는 A의 말에 B는 이성을 잃고 주먹을 날리고 말았다. 족히 50명은 모여 있는 자리에서 말이다.

이 사건으로 폭력을 행사한 B는 인사팀의 징계를 받게 되었고, 다른 부서로 발령되면서 서로 다시 보게 될 일은 없어졌다. 하지만 회사가 A의 편을 들어준 것과 달리 이 사건을 바라보는 사람들의 시각은 다양했다. 인격 모독을 한 A에게는 과연 책임이 없는 것인가? 그날의 일은 오래도록 사람들 사이에서 회자됐다.

이런 일련의 사건을 보면서 의문이 들기 시작했다. 가끔 나도 분노가 치밀어 오르는 사건을 겪기도 했으니 말이다. 우리가 분개하는 모습은 어디까지 정상이고 어디부터 비정상일까? 자존심에 상처를 주는 상황을 어디까지 수용해야 하고 어디까지 참아야 할까?

『화에 대하여』에 따르면, 아리스토텔레스는 화를 "고통을 고통으로 갚아주고자 하는 강한 욕망"이라고 정의했다. 고대 그리스 시대에도 이런 부조리를 마주하는 현실은 지금과 크게 다르지 않았던 것 같다. 아니, 사실 그 시대에는 분노할 일이 지금과는 비교가 되지 않을 정도로 더 많았던 것 같다. 스토아학파에서 현자 중 현자로 불리는 세네카는 화를 유발하는 세상에 대해 이렇게 이야기했다.

"현자가 한번 화를 내기 시작하면 절대 그칠 일이 없을 것이다. 도처에 범죄와 악덕이 득실득실하다. 일일이 징벌로 다스릴 수도 없을 만큼 많은 범죄가 저질러진다. 우리는 사악함이라는 강력한 적수와 교전을 벌이고 있다."

-세네카, 『화에 대하여』 중

실제로 고대와 중세 시대를 들여다보면 증오와 보복으로 길거리에 유혈이 낭자했다. 『로미오와 줄리엣』이나 『삼총사』 같은 고전에서는 원수에게 '복수'를 하기 위해 목숨을 바치거나 명예를 실추시킨 자에게 '결투'를 신청하는 장면이 심심치 않게 나온다. 법치가 발달하지 않은 시절, 즉 제3자가 잘잘못을 판명해 당사자를 처벌해 주는 제도가 발달하지 않았던 시절에 개인이 스스로의 억울함을 해결하는 방법은 결투를 통해 승부를 가리는 것이 유일했다. 당시에는 명예와 체면을 위해 상대방을 죽이거나 결투 중에 본인이 비명횡사하는 일이 허다했다.

하지만 제도가 공고해지고, 상업이 부상하면서 폭력의 역사는 조금씩 사그라들게 됐다. 사람 간의 관계를 통해 거래가 이루어지는 상업의 특성상 비록 상대가 적일지언정

176

죽지 않고 살아서 나와 거래를 해야 더욱 이롭다는 사실을 깨닫게 된 것이다.

이런 오랜 문명의 발달 끝에 오늘날 우리는 밥을 먹다가 앞사람이 든 칼에 찔릴 걱정 없이 식사를 마치고, 내 앞에서 웃으면서 농담하는 사람에게 코와 귀를 베일 우려 없이 대화를 할 수 있게 됐다. 『우리 본성의 선한 천사』의 저자 스티븐 핑커는 오늘날 사람들이 예의 없는 말을 자유롭게 지껄일 수 있게 된 것은 그런 말을 하더라도 오늘 밤에 사지가 찢겨서 죽임을 당할 일이 없기 때문이라고 말한다. (안전하기 때문에 더 함부로 말한다니 역설적인 상황이 아닐 수 없다.) 그렇다면 이제 우리는 화를 유발하는 상황에 어떻게 대처해야 할까?

막말에 대처하는 자세

몇 년 전 연말 시상식에서 한 배우가 보여준 행동은 '막말에 대처하는 좋은 예시'가 되었다. 당시 시상식 진행을 맡은 모 연예인은 관람석에 앉아 있는 배우에게 다소 무례한 언행을 했다. 본인은 분위기를 띄우기 위한 멘트였다고 했지만, 시청자마저 불쾌해지는 도를 넘은 발언이었다. 그런데 여기서 배우의 대처가 인상적이다. 그는 화를 내서 분위기를 망쳐버리지 않았고 그렇다고 애써 마음에도 없는 웃음을 짓지도 않았다. 대신 무표정한 얼굴로 상대방을 똑바로 바라봄으로써 무례한 행동에 정면으로 경고장을 날렸다. 말 한마디 없이도 자신의 의사를 전달한 이 비언어적 제스처는 어떤 말보다도 강력했고, 네티즌은 그에게 응원을 보냈다. 이전에도 다른 배우에게 막말을 일삼았던 그 진행자는 결국 본인의 잘못을 공식적으로 사과하기에 이르렀다.

배우의 대응은 '화'가 아닌 '이성적 대응'이 얼마나 효과적인지를 보여주는 사례라고 볼 수 있다. 그는 그 자리에서 무례를 참고 넘기는 굴욕적인 선택을 하지 않았고, 반대로 화를 내는 원초적인 반응을 하지도 않았다. 그의 행동은 품위가 있으면서도 무엇보다도 '효과적'이었다.

> 화는 조급함을 부르고, 적을 위험에 빠뜨리고자 하는 욕망은 경솔함을 불러들여 오히려 우리 자신을 위험에 빠뜨린다. 가장 믿을 만한 지혜는 상황을 오랫동안 신중하게 살피

고, 끝까지 자제심을 발휘하고, 정해진 목표를 향해 천천히
나아가는 것이다.

−세네카, 『화에 대하여』 중

　세네카는 그 어떤 권력자도 모욕을 당하는 순간이 있기
마련이라고 했다. 하지만 힘을 가진 자들이 화를 참는 이유
는 분노가 주변 사람들과 자신이 책임지고 있는 일에 어떤
파장을 불러일으킬지 알고 있기 때문이다. 역사적으로 지혜
로운 리더일수록 화를 참아서 세상을 평화롭게 유지했다고
한다. 그러므로 여러분도 분노를 유발하는 상황에 맞닥뜨렸
을 때, 지혜로운 리더처럼 가장 먼저 냉정과 이성을 찾기를
바란다. 분노를 무기 삼아 상대에게 해를 가하려는 격정을
진정시키고 대신 이성적으로 판단하자. 화를 내는 것이 과
연 나에게 득이 되는지에 대해서 냉철하게 생각해 보고 신
중하게 행동하자. 결국 끝까지 자제심을 발휘해 묵묵히 자
신의 길을 걸어가는 당신이 목표에 도달하고 승리를 거머
쥘 것이다.

무례한 사람과
대화하는 법

내 인생의 실사판 악당을
마주하는 자세

2015년부터 지금까지 디즈니를 제2의 전성기로 이끈 것
은 실사판 영화다. 〈알라딘〉〈라이온 킹〉〈미녀와 야수〉〈백
설공주〉〈신데렐라〉 등등, 화려한 그래픽 기술로 만화 속
환상적인 장면을 현실처럼 구현할 수 있게 되면서 잠자고
있던 디즈니 원작이 새롭게 부활했다. 그중에서도 단연 최
고는 〈알라딘〉이 아니었나 싶다. 어릴 적 〈알라딘〉을 수십
번도 넘게 돌려 보던 우리 부부는 윌 스미스가 램프의 요정
으로 등장하는 현대판 〈알라딘〉을 보기 위해 극장으로 들
어갔다.

실사판 영화는 그 옛날 애니메이션의 대사와 노래, 장면 하나하나와 모두 똑같았다. 익숙한 멜로디와 원작의 주인공을 꼭 닮은 배우들을 보면서 어린 시절의 감동을 다시 느낄 수 있었다. 그런데 달라진 것이 딱 하나 있었으니, 그것은 스토리를 받아들이는 나의 마음이었다.

20년이 지나서 다시 본 〈알라딘〉의 이야기는 내 기억보다 훨씬 더 드라마틱했다. 그저 해피엔딩이라고 쉽게 받아들이기에는 너무나 큰 좌절과 절망의 순간이 있었다. 죽음으로 몰리기까지가 두 번. 힘도 없고 뒷배도 없는 그야말로 믿을 구석이라고는 하나도 없는 주인공이 지상 최대의 권력과 맞서 싸우는 일은 아무리 동화라고 해도 절대 수월하지 않았다.

어릴 적 만화를 볼 때는 선한 주인공이 이기는 것이 당연했고, 악당이 아무리 악랄하게 굴어도 주인공은 용감하게 무찌를 것이기에 응원하는 내 마음도 항상 가볍고 즐거웠다. 하지만 삶을 주체적으로 헤쳐나가며 살아가야 하는 어른이 되고 보니 주인공이 악당을 이기는 것은 당연한 일이 아니었다. 그것은 보기보다 꽤 어려운 일이다. 많은 사람들은 사회화 과정에서 모든 감각이 희석돼 자신의 실사판 인생에 악당이라는 것이 존재한다는 사실조차 제대로 인지하지 못한다. 따라서 악당이 악당인 줄도 모르고, 신사적으로 살아야 한다는 가르침에 따라 자신을 괴롭히는 악당에게 옆구리를 찔리면서도 계속 품고 있는 경우도 허다하다. (젠장맞을 사회화 교육.)

이야기는 현실을 기반으로 쓴다. 멀찍이 떨어뜨려서 자신의 삶을 바라보자. 현실에서 마주하는 악당의 모습은 어떠한가? 회의 시간에 협동하기보다는 비난하고, 상대방의 약점을 들춰 사람들 앞에서 무안을 주고, 자신은 괜찮은 사람, 상대는 촌스러운 사람으로 정의 내려버린다. 그들 때문에 회사에 출근하기가 싫어지고, 피부가 푸석푸석해지고, 안 그래도 없는 머리숱이 더 듬성듬성해진다. 회사는 한 가지 목표를 공동이 함께 이루기 위해 협업을 하는 곳이지만 어쩐 일인지 이들은 협업이 아니라 싸움을 하기 위해서 회사를 다니는 것만 같다. 한때 피터 드러커 마니아였던 나는 그의 책 『피터 드러커 일의 철학』 에서 "경영은 항상 사람의 본성과 선악의 본질을 다룬다"라는 한 구절을 읽고 고개를 격하게 끄덕였던 기억이 있다.

우리의 일상에도 악당이 있고 악당은 자신을 똑같이 선량한 사람으로 대해주는 착한 사람들의 호의를 악용한다.

- **이상적 기대**: 내 쪽에서 배려하면 상대도 나를 배려하겠지.
- **현실**: 못된 사람은 배려할수록 더 못되게 군다.

-샘 혼, 『함부로 말하는 사람과 대화하는 법』 중

우리는 드라마 속 선한 주인공이 악당에게 막무가내로 당하고만 있다가 어느 순간 눈을 똑바로 뜨고 상대에게 할 말을 다 하면 쾌재를 외친다. 그런데 일상생활에서는 내가 그렇게 당하고 있다는 것을 알면서도 우물쭈물하고만 있는 경우가 많다. 대부분 그 상황을 정확히 파악하지 못했기 때문이다.

선량한 방법으로는 도저히 이해할 수 없는 사람들

자라면서 우리는 좀 더 복잡하고 어려운 내용을 학습하게 된다. "원수를 사랑하라" "한쪽 뺨을 때리거든 다른 뺨도 대고 네 겉옷을 빼앗는 사람에게 속옷까지 줘라"와 같은 내용들. 게다가 청소년기에 접어들면 절대적으로 악하지도, 절대적으로 선하지도 않은 인물이 등장하는 소설을 배우기도 한다. 이러한 까닭에 충분히 좋은 교육을 받고 바른 가정에서 자란 사람들은 누군가가 무례하게 행동을 했을 때도 거기에는 어떤 이유가 있을 것이라고 생각하고 최대한 그들을 이해해 보고자 노력한다. 하지만 때로는 우리가 배려하고 이해할 수 있는 범위에서 벗어나 갖가지 이유로 사람들을 괴롭히는 사람들도 있다.

샘 혼의 『함부로 말하는 사람과 대화하는 법』에서 그런 사람들의 행동 원인을 찾아냈다.

- 남의 잘못을 찾으면서 자신의 단점을 감추기 위해
- 상대방과의 관계에서 통제권을 잡기 위해
- 남을 굴복시켜 이기기 위해

• 상대방의 기분이 나빠지기를 바라기 때문에

이런 사람들은 자신은 우월하고 상대는 열등하다고 믿거나 자신이 우주의 중심이 되어야 한다고 믿는다. 혹자는 '잘못된 행동에 대해 제대로 처벌을 받아본 적이 없어서' 잘못된 행동을 반복한다. 이유가 무엇이든, 선량한 사람이 무례한 사람을 만났을 때는 자신의 행동을 기준으로 상대를 파악해서는 안 된다. 그들은 위에서 말한 것과 같이, 전혀 생각지도 못한 '악의적인' 이유로 상대방을 괴롭히기 때문이다.

역공의 필요성

악은 일상에도 수시로 존재한다. 원래 선한 사람도 특정 상황에서는 악하게 행동할 수 있다. 우리도 특정 상황에서 악으로 돌변하는 경우가 있다. 그것이 인간이다. 인간은 절대적으로 선하지도, 절대적으로 악하지도 않다. 이렇게 인간의 얄팍한 본성이 수시로 만들어 내는 악을 막으려면 선한 사람들의 작지만 적극적인 행동이 필요하다.

사자가 얼룩말을 사냥할 때 가장 우려하는 것이 무엇인

지 아는가? 얼룩말의 뒷발에 맞아서 부상을 당하는 것이다. 그 때문에 아무리 밀림의 왕이라 하더라도 사냥을 하기 전에 역공을 당할 위험이 없을지를 충분히 계산한다고 한다. 상대방을 공격하는 사람도 마찬가지다. 만약 자신이 공격하는 것만큼 역공을 받아 부상을 당한다면 두 번 다시 공격하고 싶은 생각이 들지 않을 것이다. 상대방에게 계속 무례하게 행동하고도 아무런 피드백을 받지 않는다면 스스로 행동을 바람직하게 고칠 리 없다. 선한 사람들의 수동적인 태도는 악이 활기치기에 최적의 환경을 제공해 줄 뿐이다.

무례한 사람들과 대화하는 법

문제를 해결하기 위해서는 문제를 제대로 정의 내릴 줄 알아야 한다. 우선, 선량한 사람이 일상의 악을 맞닥뜨렸을 때는 그것이 '악'이라는 것을 알아야 한다. 그다음으로 첫째, 그들의 행동으로 인해 분노하거나, 화내거나, 울거나, 힘들어하는 모습을 보여주지 말라. (그것이 그들이 좋아하는 반응이니까.) 둘째, 정상적인 사람에게 행동할 때를 기준으로 '예의에 어긋나지 않을까' 하는 쓸데없는 걱정은 접어라. 셋째, 두 눈을 똑바로 뜨고 상대방의 말과 행동이 부적절하고 용인될 수 없다는 점을 분명히 알려라. 여기서 중요한 점은 상대의 행동에 리액션한다는 것이 아니라 내가 스스로 용납 가능한 기준에 대해 분명하게 알고 그것을 침범하는 경우에는 선언해야 한다는 것이다.

변화는 단숨에 이루어지지 않는다

날씬한 몸으로 살아가고 싶다면 평소 식습관과 운동 습관을 바꿔야 한다. 남에게 좌지우지되지 않으려면 스스로를 단련해 나를 당당하게 표현할 힘과 대화 기술을 갖춰야 한다. 순하게만 살아온 사람들은 이런 힘과 기술을 단기간에 갖기가 어려울 것이다. 하지만 바람직한 사회생활을 계속하고 싶다면, 이러한 유형의 인간관계를 대비해 언제든 공격에 방어할 수 있는 민첩성과 단단함을 기를 필요가 있다. 시간을 두고 꾸준히 노력하자. 당신에게는 자신을 지킬 힘이 있다.

당신이 만만하게 보였던
진짜 이유

심리적 경계를 또렷하게 하는 법

다 같이 기분 좋게 이야기하다가 갑자기 누군가가 한 말 때문에 급속도로 기분이 나빠진 경험이 있는가? 분명 나는 불쾌감을 느꼈는데 분위기를 깨고 싶지 않아서, 혹은 어떻게 대응해야 할지 몰라서, 아무렇지 않은 척 허허 웃으며 쓰린 속을 부여잡고 그 자리를 지켰던 적이 있는가?

만약 그 상황이 지나고 난 뒤에도 오랫동안 그때의 불쾌했던 기분이 쉽게 사라지지 않고, 밤낮으로 다시 그 상황을 곱씹었다면, 그것은 상대가 나의 심리적 안전 영역을 침범했다는 경고다. 같은 말이라도 비하인지 농담인지는 내가 어떻게 느꼈는지에 따라 다를 수 있다.

나는 왜 남들의 말에 쉽게 흔들리고 있는 걸까? 다음 다섯 가지 자가 진단 항목 중 세 가지 이상에 해당된다면, 나는 '만만한 사람'으로 살고 있는지도 모른다.

자가 진단 체크리스트: 나는 만만한 사람일까?

☐ 다른 사람들이 나에게 기본적인 잘못을 하고도 사과하지 않는다.

☐ 내가 상대방을 도와주는 것에 대해 고맙다고 이야기하지 않고 당연한 듯 받아들인다.

☐ 같은 이야기인데도 내가 할 때는 무시하다가 다른 사람이 하면 수긍한다.

☐ 다른 사람들이 나에게 가끔 도를 넘는 농담을 아무렇지 않게 한다.

☐ 내가 한 실수는 다른 사람에 비해 두 배 세 배로 책망한다.

심리적 경계선을 명확하게 표현했는가?

만만해 보이는 사람들의 공통된 특징은 자신이 심리적 안전을 느끼는 범위에 대해 상대방에게 한 번도 명확히 표현한 적이 없다는 것이다. 사람들은 저마다 마음이 편안하게 유지되는 심리적 안전 영역을 가지고 있다. 이 영역은 사람에 따라 굉장히 넓을 수도 있고, 좁을 수도 있다. 같은 농담이라도 어떤 사람에게는 굉장히 불편한 반면 어떤 사람에게는 아무렇지도 않을 수 있고, 같은 부탁이라고 해도 어떤 사람에게는 어렵지 않게 느껴지지만 어떤 사람에게는 큰 부담이 될 수도 있는 것이다.

이 영역의 경계는 본인의 주관적 판단에 따라 그어지는 것이기 때문에 모두가 일관된 기준을 가지고 있는 것이 아니다. 어떤 사람은 모서리에 공포를 느끼기도 하고 어떤 사람은 폐쇄된 환경에 공포를 느끼기도 하는 것처럼 사람마다 불쾌감을 느끼는 상황이 다를 수 있다. 그것은 그 사람이 경험하는 고유의 영역이기 때문이다.

나의 심리적 경계가 넓은지 좁은지보다 더 중요한 것은 '그 경계선을 남들에게 뚜렷하게 보여줬는지'이다. 신기하게도 사람들은 자신의 경계를 분명하게 보여주는 사람에게는 그것이 넓으면 넓은 대로, 좁으면 좁은 대로 존중해 준다.

잘 떠올려보면 좀 까탈스러운 사람의 주변에 있는 사람들은 그 사람과 대화할 때 선을 넘지 않으려고 노력한다는 사실을 알 수 있다. 설령 좀 예민한 사람이라고 투덜댈지언정 부정적 피드백을 받고 싶지 않기 때문에 조심하게 되는 것이다.

마찬가지로 평상시 굉장히 너그럽다고 알려진 사람이라도 일정 선 이상을 넘으면 불쾌해한다는 것을 뚜렷이 보여주면 사람들은 주의하게 된다. 괜히 얼굴 찌푸릴 일을 만들고 싶지 않기 때문이다. 결국 자신의 선을 명확히 하고 그것을 넘는 경우에 즉각 반응하면, 상대방도 공격당하지 않기 위해 알아서 조심하게 된다는 것이다.

한 가지 사례를 살펴보자. A씨는 계속해서 선을 넘는 B씨의 농담에 예전부터 화가 나 있었다. 처음 몇 번은 웃고 넘어갔지만 계속되는 비아냥에 더는 참을 수 없는 지경에 이르렀다. 하지만 A씨는 B씨가 무례한 농담을 할 때 전혀 싫은 내색을 하지 않았다. 분위기를 망치기 싫어서 마음에도 없는 말을 하며 같이 허허거리며 웃어왔고, 그런 A씨를 B씨는 재미난 대화 상대 정도로만 생각하는 것 같았다. 하지만 A씨는 이제 분노의 감정을 품을 정도로 B씨가 싫어졌다.

그러던 어느 날, A씨는 여느 때와 같이 농담을 하던 B씨에게 크게 화를 냈다. 오랫동안 참아왔던 것들을 다 쏟아냈고, 속 시원하게 복수를 했다고 생각했다. 그런데 주변의 반응은 예상과 달리 싸늘했다. 사람들은 무례한 농담을 하던 B씨를 경계하는 것이 아니라 오히려 A씨를 피하기 시작했다. 도대체 뭐가 잘못된 걸까?

A씨가 범한 오류는 선을 넘은 것에 대해 명확히 경고한 적 없이 상대에게 강펀치를 날렸다는 것이다. 스포츠에서도 퇴장을 시키기 전 경고장을 먼저 날리는데, 같이 웃으며 대화하다가 갑자기 주먹을 날린다면 당하는 사람은 물론 주변 사람들도 굉장히 당황스러울 것이다.

A씨는 스스로 수용할 수 있는 범위가 어디까지인지 기준이 명확하지 않았기에 같은 상황인데도 때에 따라 다른 반응을 보였다. 게임에 비유하자면 규칙이 매번 바뀌는 상황이 벌어진 것이다. 이렇게 게임 규칙이 때에 따라 달라진다면 어떻게 될까? 선수들은 혼란에 빠질 것이고, 나중에는 심판이 선을 넘었다고 아웃을 선언해도 수긍하지 않고 도리어 항의할 것이다.

그러므로 상대가 내 심리적 안전 영역의 경계를 넘어설 때는 즉각적으로 표현을 할 필요가 있다. 당장 상대를 때려 눕히거나 퇴장시키는 것이 아니라 여기까지가 선이라고 경고장을 들어 올리는 것이다. 누구든 극단적인 상황을 피하고 싶은 마음을 갖고 있기에, 상대방도 당신이 경고를 해준다면 사전에 주의해서 최악의 상황이 발생하는 것은 피하려고 할 것이다.

경계선을 알기 위해 내 마음에 먼저 귀 기울여보자

하지만 우리가 무례한 요청이나 농담에 제때 반격하지 못하는 이유는 내가 어디까지 수용할 수 있는지를 스스로 모르기 때문이다. 어떤 사람들은 자신이 어떻게 느끼는지에 대해 민감하게 반응하기 때문에 누군가 자신의 심리적 안전 영역의 경계를 넘으면 즉각적으로 대응할 수 있지만, 나보다 상대방을 더욱 배려하는 데 익숙한 사람은 상대방의 입장에 더 초점을 맞추기 때문에 스스로의 마음에 대해서는 잘 알지 못한다.

그런데 상대방이 한 말이 농담인지 비하인지는 그 사람

이 결정하는 것이 아니라 내가 어떻게 느꼈는지로 판단하는 것이다. 내면의 목소리를 누르고 상대방의 의도에 내 생각과 감정을 맞추려다 보면 감정과 행동이 불일치하는 불편한 상황을 경험하게 된다.

내가 나의 경계선을 알기 위해서는 내 마음에 귀를 기울일 필요가 있다. 스스로에게 솔직해져야 하고, 나의 생각과 감정도 다른 누구의 의견만큼이나 소중하다는 것을 굳게 믿어야 한다. 그리고 만약 불편한 감정이 올라온다면 나에게 이 상황이 괜찮은지, 나를 불편하게 만들고 있는 것은 무엇인지를 자신에게 물어봐야 한다.

내 마음의 소리에 귀 기울이는 것을 방해하는
타인 중심의 심리적 틀

정당하게 자기주장을 하지 못하는 사람들은 자기표현을 하면 상대에게 상처를 주거나, 상대의 분노를 유발하거나 혹은 상대로부터 버림받을 수 있다고 생각한다. 그래서 아래와 같이 반응하는데, 이를 '타인 중심의 틀'이라고 한다.

- **복종**: 처벌당할 것이 두려워 타인에게 통제권을 내어주고 복종
- **자기희생**: 타인에게 고통을 주지 않기 위해 자신이 아닌 타인의 욕구를 충족시키는 데에 집착
- **인정 추구**: 인정과 관심을 받기 위해서 나의 선호보다는 타인의 반응을 중심으로 선택

하지만 무엇이든 적당한 것이 좋다. 과도하게 자신을 희생하고 타인을 중심으로 행동하다 보면 결국 모든 관계를 피하게 되거나, 자신도 모르게 상대가 싫어할 만한 일들을 하면서 수동 공격을 하고, 더 심하면 오랫동안 참다가 갑자기 폭발해 버리는 극단적인 행동을 하게 되기도 한다. 인간은 평균을 맞추려는 본능을 가지고 있어 한쪽으로 치우치면 다른 한쪽으로 그만큼 기울게 되니 말이다.

다음엔 다르게 대응하자: 대처 카드 만들기

그렇다면 이런 행동을 고치기 위해서는 어떻게 해야 할까? 우선, 나의 심리적 경계선이 어디까지인지를 알기 위해 내 마음을 들여다볼 필요가 있다. 그리고 내가 반복하고 있

는 행동의 패턴을 바꾸기 위해 의식적으로 노력해야 한다. 지금부터 '대처 카드'를 만들어보도록 하자. 대처 카드를 만들면, 자신의 심리적 틀을 충분히 이해하고 자주 처하는 상황에 맞는 대응 방안을 연습해서 스스로를 보호할 수 있다.

대처 카드

불편함을 느끼는 것은 잠시 멈춤!

상황 분석: 내가 이 상황을 왜곡해서 받아들이는 것은 아닐까?

❶ 누가?

❷ 언제?

❸ 어디서?

❹ 무엇을?

❺ 왜?

❻ 나는 어떤 감정을 느꼈는가?

❼ 그 감정의 강도는 얼마나 센가? ①-②-③-④-⑤-⑥-⑦-⑧-⑨-⑩

❽ 그때 나의 신체 반응은? (예: 심장이 빨리 뛰고 귀가 빨개졌다, 숨이 가빠졌다)

❾ 나는 어떤 행동을 했는가?

❿ 상대방은 어떤 생각과 기분이었을까?

적절한 대응 방법 정리: 다시 돌아간다면 이렇게 행동하겠어!

대응 문구:

행동(제스처 포함):

연습하기

만만하게 보이지 않기 위한 DON'Ts & DOs

대처 카드를 활용하는 방법 외에도 오늘 당장 일상에 적용해 볼 수 있는 소소한 기술들을 하지말아야 할 'DON'Ts'와 해야 할 'DOs'로 나눠서 알려드리겠습니다.

DON'Ts

DON'T: 죄송하지 않아도 죄송하다고 하는 습관적인 겸손의 언어
상대에게 도움을 받았을 때는 감사를 표시하고, 의도치 않게 피해를 줬을 때는 사과할 줄 아는 자세는 사회생활에서 필수입니다. 하지만 특별히 미안해하거나 감사해야 할 상황이 아닌데 습관적으로 '죄송합니다' '감사합니다'와 같은 말을 하는 경우, 스스로를 심리적 포식자들의 먹잇감으로 만들 가능성이 있습니다.
상대방은 맥락 없이 습관적으로 겸손의 언어를 사용하는 사람들을 정말 미안해야 하는 사람, 그리고 자신은 상대가 감사해야 할 사람이라고 여기고 함부로 대해도 된다고 생각합니다. 나를 만만하게 보는 사람 앞에서 '죄송합니다' '감사합니다'를 반복하는 것은 스스로 무덤을 파는 것과 같은 행위입니다.

DON'T: 상대방의 말이 끝나자마자 0.1초 만에 외치는 'Yes'

선량한 사람들은 자신도 모르게 상대방의 요청에 '네'부터 외치고 보는 경향이 있습니다. 사람들을 도와주는 것이 기쁘고, 상대방의 마음을 불편하게 하고 싶지 않기 때문이죠. 하지만 적절한 판단 없이 '네'를 남발하며 무조건 남을 도와줘야 할 의무가 있다고 생각하는 것은 상대방에게 휘둘리는 포지션으로 가는 첫 단계입니다.

요청이 들어왔을 때는 주도권을 바로 넘겨주지 말고 우선 생각할 시간이 필요하다고 이야기하세요. 그리고 충분한 시간을 가지고 검토하세요. 상대방의 부탁에 여러분이 무조건적으로 응해야 할 의무가 있는 것은 아니며 어느 선까지 도울 수 있는지는 전적으로 여러분의 선택에 달린 것입니다. 이렇게 여유를 가지고 검토해야 상대방에게 휘둘려서 결정하지 않고, 내가 감당할 수 있는 선에서 기분 좋게 수락할 수 있습니다. 그리고 무엇보다도 이렇게 내가 주체적으로 선택할 때 비로소 상대방도 나의 도움을 감사히 여기게 됩니다. 당신의 도움은 당연한 게 아니니까요!

DON'T: 상황 구분 없이 늘 짓는 사회적 미소

미소는 만나는 사람들에게 좋은 인상을 남기고 사회생활을 원만하게 만드는 데 필수적입니다. 그런데 상황과 관계없이 나오는 미소는 여러분을 무엇이든 허락하는 사람으로 만들기 쉽습니다.

고등학교 때 친구 중에 항상 생글생글 웃던 인상 좋은 친구가 있었는데, 보통 잘 웃는 사람들이 상대방에게 싫은 내색을 못해서 심리적 경계를 자주 침범당하는 것과 달리, 아무도 그녀를 함부로 대하지 않았습니다. 지금 생각해 보니, 친구가 자신의 심리적 경계를 존중받을 수 있었던 비결은 바로 '똑똑하게 미소 짓기'였습니다.

친구는 상냥했지만 선을 넘는 농담에는 웃음기를 바로 거두고 인상을 살짝 찡그렸어요. 밝게 웃던 친구가 웃음기를 거두는 것은 상대방으로 하여금 '내가 선을 넘었구나' 하는 것을 깨닫게 만들기에 충분했고, 친구는 큰소리 한번 내지 않고 담담하게 자신을 무례하게 대하는 사람들을 제지할 수 있었죠.

표정은 내가 스스로 조절할 수 있는 가장 손쉬운 메시지 전달법입니다. 사실 미소를 거두는 것은 아주 쉬운 듯하지만 맥락에 따라 행동하기 위해서는 어찌 보면 생각보다 큰 용기가 필요할지 모릅니다. 하지만 여러분의 경계가 어디까지인지를 표현하는 데에 이보다 더 가성비 좋은 방법이 있을까요? 여러분이 괴물이 되지 않고 자신의 경계를 똑똑하게 알리고 싶다면 오늘부터 나를 위해 작은 용기를 내보는 게 어떨까요?

Do: 거절이 어렵다면, 부탁을 부분적으로 수용할 것

내 심리적 경계를 명확히 한다고 해서 모든 부탁을 배척하라는 말은
아닙니다. 특히 거절을 어려워하는 사람들일 경우, 부분적으로 부탁
을 수용하면 경계를 또렷이 하면서도 적을 만들지 않을 수 있습니다.
예를 들어, 직장 동료가 외부 손님과의 미팅을 도와달라고 할 때 이렇
게 말해봅시다.

"회사 투어 일정이나 다른 부문과의 미팅 일정을 잡는 것까지는 도와
줄 수 없지만, 회의실 예약은 도와줄 수 있습니다."

"추가적인 프로젝트를 할 여력은 안 되나 기존에 가지고 있는 자료를
공유해 줄 수는 있습니다."

0과 1 사이에도 수많은 단계가 있습니다. 무조건적으로 수용하거나
무조건적으로 거부하기 전에 나의 일정에 무리가 가지 않는 선에서
도와줄 수 있는 것이 무엇이 있을지를 세부적으로 나누어서 생각해
봅시다.

Do: 초반에 설정해야 하는 거절과 규칙의 선

무슨 일이든 처음 시작하는 시점에 경계를 명확하게 했을 때 일이 훨
씬 수월하게 진행됩니다. 초반에 거절하는 것이 어려워서 미적미적하
다가 나중에 가서 문제가 생기는 경우들이 많습니다. 업무가 막 부여

되는 초반에 무언가를 거절하는 것은 나의 권리이지만 시간이 한참 지나고 나서 못 하겠다고 손 드는 것은 책임의 문제가 될뿐더러 의견이 반영되기도 어렵습니다. 호미로 막을 것을 가래로 막는다고 하죠? 내가 감당할 수 없는 일이라면 잘 생각해 보고 빠르게 손을 드는 것이 좋습니다.

지켜줬으면 하는 선이 있다면 이것도 초반에 명확하게 이야기하는 것이 좋습니다. '회의는 무조건 정각에 시작한다' '휴가는 3일 전에 보고한다' 등의 룰도 초반에 명료하게 이야기하면 모두가 따르는 규칙이 되지만, 느슨하게 있다가 나중에 분위기를 잡으려고 하면 리드하는 사람이 왠지 모르게 부탁을 해야 하는 꼴이 될 수 있습니다.

Do: TMI 남발 금지! 짧고 간결한 거절

부탁을 거절하거나 규칙을 미리 선언할 때 구구절절 설명을 늘어놓지 맙시다. 단칼에 거절하는 것이 미안해 이런저런 부연 설명을 얹을 경우 자칫 변명을 하거나 내가 마치 상대에게 역으로 부탁을 하는 것처럼 보일 수 있습니다. 그리고 그것은 상대에게 여러분의 거절을 피해 갈 다른 통로를 마련해 주기도 합니다.

거절은 나의 권리입니다. 거절을 해야 하거나 선을 그어야 하는 일이 있다면 되도록 짧게, 핵심적인 내용을 명료하게 전달하세요. 그것이 여러분의 말에 힘을 싣는 방법입니다.

4부

모든 감정에는
사연이 있다

감정의 노예가 되거나
감정의 주인이 되거나

직장 생활 10년, 인생이
내 맘대로 되지 않는 건 기분 탓일까?

혹시 당신도 나처럼 종종 회사 자료를 검색하려고 컴퓨터를 켰다가 네이버 뉴스에서 밀린 기사들만 잔뜩 읽고 나오는가? 회의에 들어가서는 상대방을 설득해 보려고 하다가 까다롭게 구는 태도에 나도 모르게 흥분해서 스스로를 깎아 먹는 말만 잔뜩 하고 나오는가?

이제는 아무리 열심히 노력을 해도, 아무리 개선을 하려고 해도 똑같이 후회할 행동만 반복하는 나 자신을 보면서 더 이상 나라는 인간에게 '발전'은 없는 것인지, 녹슨 기계처럼 마모되어 가는 건 아닌지 하는 절망적인 생각마저 든다.

분명 기사 클릭한 것도, 말을 한 것도 나인데 어찌 된 영문인지 애초에 내가 의도했던 바와 전혀 다른 방향으로 흘러가고 있는 상황을 어떻게 받아들여야 할지 나조차도 모르겠다.

100세까지 살아야 하는 세상에서 이제 겨우 삼분의 일을 살았을 뿐인데 벌써 이렇게 내 몸과 마음 하나도 원하는 대로 조절할 수 없는 상태가 되어버린다면 앞으로 남은 생은 어떻게 살아야 한단 말인가. 퇴사할 무렵, 나는 삼십 대 중반의 나이에 벌써 중력처럼 거스를 수 없는 인생의 가혹한 운명을 받아들이고 있었다. 뭐 인생이 이 따위냐는 외로운 절규와 함께…….

인생이 내 맘과 같지 않은 이유 - 자동적 사고

그런데 뇌과학 책을 읽고, 심리학 공부를 하면서 알게 된 것이 있으니, 사람이 나이 들수록 의지와 관계없이 행동하게 되는 이유는 우리가 노쇠해서가 아니라 뇌가 정보 처리를 자동화하기 때문이라는 것이었다. 혹시 뉴스에서 로봇 개발과 관련된 소식을 유심히 본 적이 있는가? '이번에 개발된 로봇은 두 발로 서서 자연스럽게 걸을 수 있게 되었다'

'이번에 개발된 로봇은 넘어지지 않고 달리기할 수 있다'는 소식을 자랑스럽게 보도하는 것을 잘 들어보면 인간이 무의식적으로 행하는 가장 기본적인 동작조차도 기계로 구현하기 위해서는 엄청나게 고도화된 기술이 필요하다는 것을 알 수 있다. 하물며 사람은 어떻겠는가. 어떤 물체를 인식하고, 그것의 의미가 무엇인지 해석하고, 거기에 맞게 적절한 언어를 구사해야 하니 상상조차 할 수 없는 엄청난 양의 정보가 뇌에서 처리된다. 이렇게 소비되는 에너지를 최소화하기 위해 뇌에서 선택한 방법이 바로 '기존의 정보를 최대한 활용'하는 것이다.

그러니까 세상의 모든 것을 처음부터 하나씩 해석하지 않고, 기존에 경험했던 기록에 기반해 '분류하고 저장해 놓은 값으로 자동 반응'하는 것이다. 특정 단서가 입력되면 그 단서를 기반으로 예전에 경험했던 감정과 행동이 자동으로 연결된다. 그런데 순식간에 이루어지는 이 정보처리의 과정 속에 하루에도 수만 가지씩 떠오르는 온갖 잡다한 생각들이 팝업처럼 계속 끼어들어서 내가 애초에 하려고 했던 것과 전혀 다른 방향으로 행동하게 만드는 것이다. 업무 자료를 찾으려고 컴퓨터를 켰지만 갑자기 떠오른 연예인 기사를 무의식적으로 클릭했다가 정신을 차려보니 한 시간이나 지나 있거나, 김 대리를 어떻게든 설득해 보려고 찾아갔지만 그녀의 까칠한 목소리를 들으면 나도 모르게 자동 반작용으로 방어 태세를 갖추게 되어서 구차한 변명만 잔뜩 늘어놓고 나오게 되는 것도 이 때문이다.

인생을 살아갈수록 새로 경험하는 것들이 늘어나고, 경험을 할 때마다 새로운 단서가 쌓이고, 단서가 많아질수록 나의 행동에는 자동 반사적으로 반응하는 설정값이 늘어나게 된다. 그러다 보면 자동 반응이 행동의 대부분을 차지하게 되고, 결국 스스로 상황에 맞도록 정교하게 행동을 교정하는 것이 어려워진다. 성인이 되면서 사회 경험도 늘어났는데 점점 삶이 내 의지대로 돌아가지 않는 것처럼 느껴지는 이유가 바로 이것이다.

현명한 사람들은 어떻게 행동할까?

나는 어떻게 해야 인간관계를 현명하게 유지할 수 있는

지 알고 싶었다. 자동-반작용의 노예였던 나는 강한 사람 앞에서는 줏대 없이 복종했고, 무례한 사람 앞에서는 분노로 목소리를 떨었으며, 기분이 좋을 때는 쓸데없는 말을 하고 돌아서서 후회하곤 했다. 반면에 내가 본 멋진 사람들은 필요에 따라서 굴욕적인 상황에서도 화를 참고 인내할 줄 알았고, 나약한 본성을 거슬러 용기 있게 목소리를 내기도 했다. 불필요한 말로 자신을 깎아 먹지 않고 절제력 있게 자신의 이미지를 관리하는 것은 물론이었다. 그들은 목적에 따라 자신의 감정과 행동을 조절할 수 있었으며, 그것이 결국 그들을 원하는 목적지에 도달하도록 도와주었다. 업무 성과가 훌륭하고 인간관계가 깔끔한 것은 당연한 결과였다.

하지만 알다시피 이렇게 눈앞의 자극에 휘둘리지 않고, 자신의 행동이 소기의 목적을 달성하도록 감정과 행동을 조절하는 것은 쉬운 일이 아니다. 그러기 위해서는 우리 뇌에 프로그래밍되어 있는 디폴트값을 거부하고 순간순간 '생각'하고 '선택'해야 하기 때문이다. 자동-반작용의 힘을 거슬러서 스스로 생각하고 선택하기 위해서는 고도의 정신력이 필요한데 이것이 요즘 수많은 심리학자들이 연구하고 있는 '마음 챙김'이다. 마음 챙김은 자극과 반응 사이에서 '선택'할 수 있도록 하는 정서 조절 훈련법이다. 오늘날 널리 알려진 명상과 요가 등이 마음 근육을 길러주는 마음 챙김 훈련 중 하나다.

마음 챙김으로 자극과 반응 사이에서 '선택'을 하자

명상을 배우러 가서 만난 한 아이 엄마는, 자신도 모르게 자꾸 아이에게 소리를 지르게 된다고 했다. 하지만 아침저녁으로 한 시간씩 3개월 동안 명상을 하고 나서부터는 화가 올라오는 순간 '아 내가 지금 화가 나고 있구나' 하며 자각하게 되었다. 화를 자각하니 휘몰아치던 감정이 가라앉았고 결과적으로 화를 내지 않는 여유를 가질 수 있게 되었다고 한다. 예전보다 훨씬 너그러워진 엄마의 모습에 가족 모두가 놀란 것은 물론이다. 이제는 온 가족이 그녀가 명상을 하는 것을 지지해 준다고 한다.

스트레스 상황 속에서도 요동치는 감정을 조절하며 지혜롭게 처신할 수 있다면 삶에 많은 변화가 생기지 않을까? 최근 연구들은 명상이 집중력, 주의력, 공감, 자제력 등을 향상시키며, 뇌의 지도까지 변화시킬 수 있음을 MRI 촬영을 통해 증명해 보이고 있다. 필자도 지난 1년간 매일 최소 30분 명상을 해왔는데(물론 못 지키는 날도 많이 있었지만) 예전에 비해 나의 감정과 행동을 훨씬 더 정교하게 조절할 수 있게 됐다. 이제는 더 이상 예전처럼 스스로를 녹슬어가는 깡통이라고 생각하지 않는다. 매 순간 마음 챙김을 통해 더 지혜롭고 아름다운 사람으로 거듭나고 있다고 느낀다.

여러분도 혹시 사회생활을 할수록 삶이 내 마음대로 되지 않는다고 생각하는가? 그렇다면 오늘부터 마음 챙김 훈련을 시작해 보기를 바란다. 당신의 뇌는 여전히 진보하는 중이다.

삶의 고통을 마주하는 자세

불편한 감정도 그 자체로 옳다

좋은 일만 있기를 바라!

초등학생 시절, 연말이면 친구들끼리 크리스마스카드를 주고받으며 새해의 시작을 응원했었다. 아마도 고학년이 되면서부터였던 것 같은데, 아이들이 주고받는 편지에는 "내년에는 좋은 일만 가득하길 바라!"라는 문구가 적히기 시작했다. 아직 어린 나이였지만, 나는 그 문장이 왠지 불편하게 느껴졌다. 삶 속에서 '좋은 일'만 일어나기란 불가능하기 때문이다. 좋은 일만 일어나기를 바란다는 것은 어쩐지 삶의 고통을 애써 피하려는 나약함을 응원하는 말 같았다. 나는 속으로 '어려움이 닥치더라도 그것을 이겨낼 힘을 갖기를 바라'가 더 좋지 않을까 하고 혼자 생각했었다.

성인이 되고 난 뒤 나는 아주 노골적이게도 새해 인사에 "좋은 일만 가득하길 바라!"라고 쓰고 있다. 그리고 그렇게 쓸 때면 뼛속 깊이! 아주 간절히! 그 사람에게도, 나에게도 진심으로 좋은 일만 있기를 바라고 또 바라게 된다. 지금 돌아보면 고통 안에 성장의 기회가 숨겨져 있음을 알았던 어린 시절의 내가 분명 지금의 나보다 훨씬 더 건강하고 강인했던 것 같다. 이제는 어떻게 해서든 삶에서 마주할 수 있는 모든 종류의 괴로움은 다 피해가는 게 유일한 바람으로 남은 나약한 성인이 되어버렸다.

괴로운 감정에도 유익이 있다

우리가 이렇게 괴로운 일을 피하고 싶은 건 그에 따른 감정이 너무나 고통스럽기 때문일 것이다. 그런데 우리를 고통스럽게 하는 이런 괴로운 감정도 사실 나를 돕기 위해 작용한다는 사실을 아는가? 불편한 감정은 상황을 여러 가지 방향에서 다시 시뮬레이션하며 무엇이 문제였고, 어떻게 하면 그 상황을 헤쳐 나갈 수 있었을지 계속 생각하게 만든다. 그렇게 우리를 괴롭혀서 결국 문제를 해결하고 다시 정상 궤도로 돌아갔을 때에야 비로소 멈춘다. 이렇게 고통스럽지만 강력한 에너지가 없었다면 과연 우리는 상황을 개선하기 위해 노력할 수 있었을까? 아마 조금 움직이려다가도 귀찮아서 다시 소파에 드러누웠을 것이다.

> 감정은 삶의 문제에 대처하기 위한 찰나의 계획이다.
>
> −대니얼 골먼

『EQ 감성지능』의 저자 대니얼 골먼은 감정이란 움직이는 에너지(Energy+MOTION), 즉 행동하게끔 만드는 에너지라고 했다. 그것은 인류가 오랜 역사를 통해 진화해 오면서 어떤 문제 상황에 직면했을 때, 지금이 그것을 해결하기 위해 행동해야 하는 시점이라는 것을 인식하게끔 무의식에 깊이 새겨 넣은 강렬한 메시지다. 나를 괴롭게 하고 고통스럽게 하는, 때로는 쓸데없어 보이기까지 하는 부정적 감정이 실은 내게 유익한 신호를 보내고 있다는 것이다.

감정은 인생의 GPS 시스템입니다.

-오프라 윈프리

프린스턴대학교 연설에서 오프라 윈프리는 감정을 인생의 GPS라고 했다. 망망대해를 항해하는 것과 같은 인생에서 감정은 우리가 바른 길로 나아가고 있는지를 보여주는 나침반이다. 긍정적 감정은 우리가 제대로 된 길을 가고 있다는 것을 알려주고, 부정적 감정은 경로를 이탈했다는 것을 경고해 주는 신호다. 그녀는 만약 부정적 감정(뭔가 잘못되었다고 느껴지는)이 올라온다면, 잠시 속도를 늦추고 나의 현재 위치를 재점검해 보아야 한다고 했다.

불편한 감정 속에 해법이 숨겨져 있다

하지만 아무리 유익하다고 한들 불편한 감정을 수용한다는 것은 쉬운 일이 아니다. 눈부신 태양을 정면으로 바라보기 힘든 것처럼 불편한 감정은 당장 피하고 싶은 충동을 불러일으키기 때문이다. 사람들은 고통스러운 감정을 피해서 술을 마시고, 쇼핑을 하고, 머리가 지끈거릴 때까지 컴퓨터를 한다. 그런데 불편함의 경고등이 뜨면 놀라고 당황해서 도망칠 게 아니라 지금 무엇이 잘못되었는지를 잘 살펴보아야 한다. 그래야 내가 지금 어디쯤 있고, 내가 가려는 방향에서 얼마나 벗어났는지, 원래 계획한 목적지로 가려면 어떻게 해야 하는지를 알 수 있기 때문이다.

나는 요즘 임상심리 자격증을 따기 위한 필수 코스로서 상담을 받고 있다. 상담사가 되기 전에 자기 마음의 문제들을 먼저 해결하고 깨끗한 상태로 내담자를 만나기 위한 준비 작업이다. 중요한 과정인 만큼 최고의 상담사를 찾아 그 누구에게도 털어놓지 못했던 오래 묵힌 고민을 털어놓았다. 최근 나의 상담 주제는 '가끔 나도 모르게 비뚤어진 행동을 하게 되는 것'이었다. 분명 사람들이 싫어하는 것을 알면서도 반복적으로 그런 행동을 하는 나 자신을 나조차도 이해할 수가 없었고, 그럴 때면 매번 자괴감이 몰려왔다. 나는 왜 이러는 걸까.

선생님은 눈을 감고 부적절한 행동을 할 때 나의 마음과 신체 반응이 어땠는지에 집중해 보라고 하셨다. 도망치고자 하는 본능을 힘겹게 떨쳐내며 그때의 상황으로 돌아가 나의 감정을 차분히 지켜보았다. 그건 매번 필사적으로 피하려고 애써왔던 불편한 감정이었다. 그랬더니 그 안에서 아주 오랫동안 외면해 왔던 거대한 슬픔과 공허감이 발견되었다. 참았던 눈물이 쏟아졌다. 그렇게 오래 울고 나자 놀랍게도 거대한 풍선 같았던 불안이 바람 빠지듯 작게 쪼그라들더니 앞으로 무엇을 해야 할지를 알려주는 메세지가 정답처럼 또렷이 전달되었다.

문제는 항상 답과 함께 주어진다. 다만 우리가 늘 외면하기에 답을 찾지 못하는 것일 뿐이다. 당신이 지금 겪고 있는 불편한 감정은 우리를 바른 길로 이끌기 위해 제 역할을 충실히 하고 있다. 불편한 감정은 그 자체로 옳다. 그러니 불편함이 올라왔을 때 그것을 외면하지 말고 대신 따뜻한 눈으로 바라봐 주자. 그것이 우리에게 정답을 알려줄 수 있도록 말이다.

직장 생활과 EQ

당신이 승진하지 못한 것은
일을 못해서가 아니다

EQ가 높은 사람들

직장은 총성 없는 전쟁터라고 하지만 유독 모든 총알이 피해가는 것만 같은 사람이 있다. 총알만 피하는 것이 아니고 그를 둘러싼 분위기는 마치 보이지 않는 에너지에 둘러싸인 것처럼 주변과 다르게 흘러간다. 그 안에서는 모두가 여유롭고, 즐겁고, 어떤 문제도 없어 보인다.

어떤 까탈스러운 사람도 그와 함께 있으면 순해지고, 그가 하는 말에 쉽게 설득된다. 세상이 무너질 듯 아득하던 문제도 그의 손에 들어가면 별것 아닌 일이 된다. 모든 일을 순조롭고 원활하게 만드는 이 사람은 놀랍게도 항상 정시에 퇴근하면서 휴가를 꼬박꼬박 챙겨 여행도 잘 다녀온다. 언제나 평안한 얼굴에, 스트레스라고는 평생 받아본 적이 없는 듯한 표정을 한 이 사람. 도대체 뭘까?

너무 과도한 설정이라고? 주변을 잘 관찰해 보라. 당신 주변에서도 이런 비현실적인 인물을 한두 명쯤 발견할 수 있을 것이다. 그리고 그들을 부르는 공식적인 말이 있으니 바로 'EQ가 높은 사람들'이다. 사회생활을 하면, 진짜 똑똑한 사람은 고시에 합격하고 전국 수석을 한 사람이 아니라 바로 이렇게 자신과 주변을 둘러싼 상황을 최상으로 만들어내는 사람임을 알게 된다.

어떻게 항상 기분이 좋을 수 있지?

내가 본 EQ가 높은 사람들은 웬만해서는 우울해하거나 화를 내거나, 절망에 빠지지 않았다. 물론 그들도 인간이기에 화가 날 때가 있고, 원하는 대로 일이 풀리지 않는 상황에 맞닥뜨리기도 하겠지만 다른 사람들과 달리 괴로운 감정 속에서 오랫동안 허우적거리는 법이 없었다. 열심히 준비한 프로젝트가 생각하지 못한 이유로 좌초됐을 때, 의기소침해지거나 좌절하기보다는 대체할 수 있는 다른 방법을 빠르게 생각해 내고 바로 행동으로 옮겼다. 그럴 때의 얼굴은 짜증보다는 새로운 계획에 대한 기대로 가득 차 있었다. 남들이라면 '최악'이라고 느꼈을 상황에서도 그들은 또 다른 '차선의 길'을 만들어갔다.

무례한 사람들을 만났을 때도 마찬가지였다. 비난을 들으면 누구나 자괴감이 들고 기분이 나빠진다. 그런데 내가 아는 EQ가 높은 사람들은 당혹스러워하기는 했지만 그 말을 새겨듣는 것으로 보이지는 않았다. 이내 평온한 얼굴을 되찾고는 마치 다른 사람의 일인 것처럼 이렇게 말했다. "저분도 나쁜 사람은 아니에요. 함께 일하기 힘들기는 해도 배울 점이 많은 분이에요"라고 말이다. 세상에나. 보통 저 정도 상황이면 이를 갈면서 분노하거나 혹은 그 비난을 곧이곧대로 받아들여서 스스로를 평가절하하게 되는데 '배울 점이 많은 분'이라니! 그들은 상대방의 비상식적인 비난은 마음속에서 빨리 털어버리는 능력을 갖추고 있었다. 마음을 보호하고 빠르게 회복하는 회복 탄력성을 가진 것이다.

대니얼 골먼은 그의 책에서, 스스로를 위로하는 능력과 걱정이나 우울, 초조감을 떨쳐버리는 능력이 부족한 사람들은 끊임없이 괴로운 감정과 싸우게 되는 반면, 이런 능력이 뛰어난 사람들은 좌절과 혼란에서 벗어나 훨씬 빠르게 회복될 수 있다고 말했다.

EQ가 높은 사람들의 공통점 중 하나는 자신의 감정을 긍정적인 상태로 유지하는 능력을 갖추고 있다는 것이다. 부정적인 감정을 떨쳐내는 것이 '능력'이라는 사실은 EQ에 관련된 책을 읽으며 처음 알게 됐다. 그것이 능력인 이유는 감정이 빨리 회복되면 그만큼 생산적인 일에 몰두할 수 있고, 주변 사람과의 관계에서도 마찰을 줄여 불필요한 에너지를 최소화할 수 있기 때문이다. 긍정적인 기운을 뿜어내는 사람은 자연히 주변에도 좋은 영향을 미치기 때문에 건강한 관계를 더 많이 유지할 테고, 결과적으로 도움을 주고받을 수 있는 의미 있는 네트워크를 탄탄하게 쌓아나갈 수 있을 것이다. 감정은 지극히 개인적인 것이라고 생각했는데 괴로운 감정을 빨리 떨쳐내는 일이 이렇게 업무 능력에까지 영향을 미친다는 사실이 놀랍지 않은가? 이쯤 되면 타고나길 성격 좋게 태어난 사람들이 부러워질 것이다. 좋은 유전자를 가지고 태어나지 못한 것이 억울하다는 생각이 들 수도 있다. 하지만 EQ를 연구한 학자들은 감성지능은 적절한 노력을 통해 개선할 수 있다고 입을 모아 강조한다. 이것은 습관의 영역이므로 누구든지 노력을 통해 향상시킬 수 있다고 말이다.

나보다 똑똑하지 않은 그 사람이 승진한 이유

"자기성찰지능의 측면에서 만일 IQ가 160인 사람은 형편없고 IQ가 100인 사람이 뛰어나다면, IQ가 높은 사람이 IQ가 낮은 사람을 위해 일하게 되겠죠."

－하워드 가드너

－대니얼 골먼, 『EQ 감성지능』 중

혹시 당신보다 별로 나을 게 없어 보이는 사람이 당신을 제치고 승진했는가? 위로 올라갈수록 승진에 영향을 미치는 것은 인간관계라는 말이 있다. 회사에 다닐 때 선배들에게서 들어온 공공연한 비밀(?)이다. 내가 몸담았던 회사에서는 승진 시에 임원 표결을 해서 한 명이라도 반대하는 사람이 있으면 승진이 안 됐다고 한다. 능력만큼이나 그 사람의 인성을 중요시하는 문화 때문이었다. 그래서인지 회사에서 만난 리더들은 누구보다도 겸손하고 친절한 분들이었다. '직장에서 성공한 사람=경쟁적인 사람'이라는 고정관념을 갖고 있었던 나로서는 푸근한 옆집 할아버지, 동네 아주머니 같은 인상을 주는 리더들을 보면서 신선한 충격을 받았다. 하지만 그들이 그토록 높은 자리에 오를 수 있었던 것은 결코 좋은 인성 때문만은 아닐 것이다. 탁월한 능력이 뒷받침된 덕분이다. 그렇다면 자기성찰지능(EQ)과 직장에서의 성과는 어떤 관련이 있을까?

EQ가 높은 사람들은 네트워크를 통해 문제를 해결한다

대니얼 골먼은 그의 책 『EQ 감성지능』에서 EQ가 높은 사람들의 뛰어난 네트워크 능력에 주목한다. IQ가 비슷한 사람들 사이에서 EQ가 높은 사람이 두각을 드러내는 요인은 다름 아닌 네트워크를 통해 문제를 해결하는 능력이다.

삶에서 우리가 직면하는 문제들은 대부분 혼자 힘으로 해결하기 힘든 것들이다. 그리고 그것은 직장에서도 마찬가지다. 회사란 혼자서 해내기 힘든 일을 여러 사람이 함께 이루기 위해 모이는 곳이다. 따라서 얼마나 다양한 능력을 가진 사람들의 도움을 잘 받느냐가 업무 능력을 좌우하는 것은 어찌 보면 당연한 일인지도 모른다.

EQ가 높은 사람들은 평상시 주요한 사람들과 좋은 인간관계를 맺는 데 공을 들여서 위급한 일이 닥쳤을 때 도움을 받고 문제를 쉽게 처리한다. 이들은 다양한 곳에 종사하고 있는 사람들과 비공식적인 경로로 끈끈한 관계를 맺기 때문에, 창의적으로 문제를 해결할 수 있다. 물론 본인의 이익을 위해 남을 이용해 먹는 그런 낮은 수준의 인간관계를 말하는 것은 아니다. 그보다는 기버(GIVER)로서 먼저 베풂의 씨앗을 뿌려놓았기에 수확을 거두는 것이라고 표현하는 게 더 알맞을 것이다. 상대를 이롭게 하면서 공동체의 성장을 위해 솔선수범하는 사람, 그런 사람이 리더가 되는 것은 자연스러운 수순 아닐까. 회사에서 유능한 인재가 되고 싶다

면 다양한 사람들과 끈끈한 관계 맺기를 시작해 보라고 권
하고 싶다.

누군가 말했다, 전쟁터에서 애정을 갈구하면 안 된다고

하지만 동료애마저 없는 군대는 전쟁에서 패할 수밖에 없다

퇴사 후에 시간이 나는 대로 심리학책을 읽고 있다. 책을 읽다 보면 세상에 이렇게 보물 같은 책이 많다는 사실에 놀라고, 운 좋게도 숨겨진 보물을 발견했다는 사실에 놀라고, 마지막으로 내가 겨우 발견한 이 책을 누군가는 이미 읽었다는 사실에 놀라게 된다. 그건 마치 보물섬을 발견했는데 그곳에 나보다 먼저 와 있는 사람을 마주친 것 같은 기분이었다. 그들도 나처럼 우연한 과정을 통해 그 책을 발견해서 기쁨과 경이로움을 느꼈으리라고 생각하면 반가운 마음에 꼬리라도 흔들고 싶었다.

최근 읽은 『비폭력 대화』라는 책도 그러했다. 사회생활 속에서 사람들이 주고받는 수많은 상처와 풀리지 않는 문제에 대해 이런저런 답을 찾아 헤매다가 도서관에서 우연히 발견한 책이었다. 제목부터 너무나 와닿았다. 알고 보니 내가 모르는 저쪽 모퉁이에서는 이미 이 책을 읽고 더 나아가 삶을 변화시키고자 서로 나눔을 하는 사람들이 있었다.

폭력적인 대화가 우리나라에서만 유독 심한 사회적 문제라고 생각했는데 이미 『비폭력 대화』가 전 세계적으로 읽혔고, 수많은 기관과 학교에서 이 책으로 수업을 한다는 사실을 알고 나서 이것이 인류 전체의 공통된 문제일 수밖에 없구나 하는 씁쓸함과 동시에 안도감을 느꼈다.

직장에서의 비폭력 대화

비폭력 대화라는 주제로 수업을 하면서 유독 회사 생활에서는 사람들끼리 상처를 주는 말과 행동을 많이 하게 된다고 이야기했다. 누군가는 이렇게 말할 수 있다. 직장은 가정이 아니라고, 동료는 친구가 아니라고, 전쟁터에서 애정을 갈구하면 안 된다고. 과연 그 말은 맞는 말일까? 전쟁 통에 적에게 나를 포용해 달라고 말하는 것은 자살 행위와 같다. 당연하다. 맞는 말이다. 그런데 동료애가 없다면 어떻게 될까? 단결력이 떨어지니 당연히 싸움에서도 이길 수가 없을 것이다.

2014년 내부 총질이 극심하던 마이크로소프트는 새로운 리더가 취임한 이후로 기업 문화가 서로 화합하는 분위기로 바뀌면서 유례없이 가파른 성장세를 보였다. 독일의 장수 연필 기업 파버카스텔은 가족 같은 편안한 회사 분위기로 오랜 세월에도 흔들리지 않고 명품 브랜드의 위상을 유지하고 있다. 이러한 사례는 직장 내 지지와 화합이 조직의 성공과 결부되어 있다는 것을 보여준다.

직장에서의 정서적 지지와 심리적 안정이 업무 효율로 이어진다는 것은 어쩌면 너무나 당연한 일일지도 모른다. 사람들 간에 갈등이 많은 불안한 상황에서 일을 더 잘할 수 있는 사람이 있을까?

그 누구도 감정에서 완전히 자유롭지 못하다

아무리 비즈니스라고 해도 일은 사람과 사람이 관계 속

에서 만들어내는 것이다. 그리고 우리는 일하면서 감정을 배제하려고 노력할 뿐이지 결코 그 누구도 감정에서 완전히 자유로울 수 없다. 중요한 업무 상황에서 감정적으로 일을 처리하면 안 되는 것은 사실이지만 감정을 짓밟거나 무시해서도 안 된다. 사실 회사에서 발생하는 갈등을 파헤쳐 보면 문제 자체보다 그 속에 얽혀 있는 감정의 응어리 때문에 오랜 시간 해결되지 않는 경우가 더 많다.

예를 들어, A가 새로운 프로젝트에 협조적이지 않은 이유는 그 제안이 잘못되어서가 아니라 새로운 제안이 등장하면서 그가 여태껏 일해온 그간의 노력을 부정당했기 때문이다. B의 업무 능력이 저조하고 계속 실수가 반복되는 이유는 사사건건 간섭하고 질책하는 상사의 마이크로매니지먼트 때문에 불안장애가 심해졌기 때문이다. 우리는 로봇과 일하는 게 아니라 사람과 일하고 있다. 그리고 사람은 절대 감정에서 자유로울 수 없다. 감정을 존중해 주지 않으면서 성과만 잘 나오기를 기대하는 것은 불가능에 가깝다. 그런데 사람들은 종종 감정에 휘둘리지 않는다는 것과 감정을 무시하는 것을 혼동하는 듯하다.

이성적이고 합리적인 판단이 이루어져야 하는 상황에서 감정적으로 행동하지 않기 위해서는 냉철함이 필요하지만, 그것이 상대방의 감정을 무시하고 아무 말이나 내뱉어도 된다는 뜻은 아니다. 가끔 보면 옆 동료를 적이라고 생각하는 것은 아닐까 싶은 사람들이 있다. 옆 사람을 이겨야 내가 승진할 수 있고, 경쟁력 있는 사람이 된다고 생각하는 것 말이다. 하지만 요즘처럼 이직이 잦고, 전 세계인과 경쟁하고 있는 시대에 옆 동료와 경쟁을 한다는 것은 얼마나 좁은 시각에서 나오는 편협한 사고의 결과인가. 오히려 사무실 내의 협조적인 행동이 이직할 때 그 사람의 경쟁력을 더 높여준다는 사실을 진정 모르는 것인가.

"적은 옆 팀이 아니라 다른 회사임을 잊지 말 것."
-조코 윌링크, 레이프 바빈, 『네이비씰 승리의 기술』 중

회사 동료, 옆 부서 사람, 거래처 사람은 대적해야 할 적이 아니다. 그들은 함께 협심해 일해야 할 존재들이고 그들이 겪고 있는 어려움은 서로 떠넘길 것이 아니라 함께 풀어

나가야 할 문제다.

　우리는 프로페셔널해지기 위해서 감정이 없는 사람처럼 상대방을 대하고 스스로도 기꺼이 로봇처럼 행동하려는 경향이 있다. 하지만 인간과 함께 일하는 이상, 일을 잘할 수 있는 가장 최선의 방법은 상대방의 인격을 존중해 주고 문제를 함께 해결해 나가고자 하는 태도뿐이다.

　이제, 내부의 동료를 적으로 간주하고 인간성을 존중하지 않으면서 업무 효율이 높아질 것이라고 기대하는 기이한 믿음을 내려놓을 때가 됐다. 리더가 팀원을 대할 때뿐만 아니라 조직원 개개인도 서로를 인격적인 존재로 존중할 때 진정으로 성장하는 기업이 될 것이다. 자신의 마음과 상대방의 마음을 모두 이해하고 소통할 줄 아는 지성인의 존재가 절실히 필요한 때다.

사람 간의 관계는
화학작용이다

1+1은 2가 아니라 0이나 5,
때로는 11이다

회사에 오래 다니다 보면 누구와 함께 일하느냐에 따라 퍼포먼스가 극명하게 달라지는 사례를 목격하게 된다. 평범한 사람이 에이스가 될 수도 있고, 에이스도 평범한 사람으로 전락할 수 있다.

'용감한 사람'에서 '무례한 사람'으로

유명 컨설팅 회사에서 경력을 쌓고 들어온 A씨는 언제 어디에서나 눈에 띄는 뛰어난 인재였다. 논리적인 의사 전개와 맡은 일을 철저하게 해내는 깔끔한 마무리, 그리고 적극적인 성격 덕분에 팀의 '에이스'로 불렸다. A씨가 가장 빛나는 순간은 회의 석상에서였다. 그는 컨설팅 회사에서 길러온 탁월한 분석력을 기반으로 날카로운 비판을 거침없이 쏟아냈고, 직속 리더는 그를 '요즘 사람답게 스마트하다'라고 생각했다.

그런데 리더가 새로운 사람으로 바뀌고 나서 그의 직설 화법은 장점에서 단점으로 뒤바뀌었다. 상대가 임원인 경우에도 예외 없이 날아들었던 직언은 강직하다 못해 어찌 보면 다소 공격적이었다. 이전 리더는 A씨의 과감한 비판 능력에 높은 점수를 줬지만 후임자는 그를 예의 없는 사람으로 판단했다. 그가 내는 의견은 매번 무시당하기 십상이었고, 회사에 영향을 미치는 중대한 논의에서도 그의 말이라면 귀를 기울이지 않았다.

화려하던 그의 회사 생활은 점점 힘을 잃어가더니 중요 프로젝트에서 하나씩 제외되기 시작했다. 이빨 빠진 호랑이처럼 힘이 없어진 그는 이후로 회사 일이라면 냉소를 뿜었다. 의욕이 가득했던 모습이 점점 회의적으로 변하더니 언젠가부터는 그 부서에서 가장 일하기 싫어하는 사람으로 변했다.

'독보적인 사람'에서 '팀워크를 저해하는 사람'으로

센스가 좋고 일 욕심이 많은 B씨는 리더의 사랑을 독차지하는 스타일이었다. 일에 대한 열정이 가득해 항상 남보다 한발 앞서 좋은 아이디어를 생각해 냈고 그것을 팀원들과 공유하기 전에 먼저 임원 방을 두드렸다. 깔끔한 보고서와 새로운 제안을 마다할 리더는 없을 것이다. 게다가 B씨는 리더의 컨디션을 살펴 보이지 않게 기분을 맞추는 섬세함까지 갖추고 있었다. 회사 내 최연소 고속 승진은 물론 신입 직원으로서는 불가능에 가까운 사장 비서직까지 경험한 그에게 회사 생활은 독무대와 마찬가지였다.

그런데 새로운 리더가 오면서 그에 대한 평가는 그전과 달라졌다. 새 리더는 보이지 않는 곳에서 묵묵히 일하는 사람에게 격려를 아끼지 않는 스타일이었고, 모두 성실히 일하고 있는 상황에서 한두 명이 스포트라이트를 받는 것을 견제했다. B씨의 적극성은 과도하게 나서는 것으로 해석되고 저지당하기 일쑤였다. 남보다 앞서 나갔기에 항상 주목을 받았던 B씨에게 이런 새로운 환경은 당혹스럽기까지 했다. 성장 가도를 달려온 그의 얼굴에 점점 생기가 없어질 무렵,

그는 오래 꿈꾸었던 유학을 가기로 결심했다며 퇴사했다.

일머리 없는 나의 성장기

반대로 리더의 도움을 받아 평범한 사람이 놀라운 성장을 하는 경우도 있다. 돌아보면 나는 누가 시킨 일을 마지못해서 하는 축에 속했다. 스스로 '일머리'가 없다고 생각했고, 회사에서 무엇이 되고 싶다는 생각보다는 회사를 그저 인생에서 잠시 거쳐가는 곳 중 하나라고 여겼다. 내 점수는 항상 중간이었고, 그 평가에 별다른 불만이 없었다. 나는 '물리적'으로 열심히 했지만, 최고가 되는 '샤프함'을 기르진 못했다. 내가 생각해도 나는 일을 잘하는 스타일은 아니었다.

스스로 잘한다는 생각이 들지 않았기에 발전도 별로 없었다. 그러던 내게 슈퍼파워를 준 사람이 있었으니, 마케팅 팀에서 만난 팀장님이었다. 의욕이 넘쳤던 팀장님은 열정만큼이나 어마어마한 양의 일을 던져주었다. 놀라운 것은 에너지가 넘치는 사람과 함께 있으니 나도 그 많은 양을 소화하더라는 것이었다. 그녀와 함께 일하면서 분석적 사고능력과 자료를 만드는 속도가 그전이라면 상상할 수 없는 수준으로 높아졌고, 스스로 빠르게 성장하고 있음을 느낄 수 있었다. 새로운 팀장님과 일한 2년은 회사 생활 6년을 합친 것만큼이나 많은 능력을 개발할 수 있는 시간이었다. 물론 힘들었지만, 주도적으로 일을 처리하는 능력을 기를 수 있었고, 무엇보다 자신감을 가질 수 있었다.

사람과의 호흡은 중요하다

사람은 누구와 함께 일하느냐에 따라 발휘되는 능력이 천차만별이 될 수 있다. 1+1은 2가 아니라 0이나 5, 혹은 11이 될 수도 있는 것이다. 이것은 내 의지나 노력이라기보다 만남의 문제이니 운이라면 운이겠다. 어린 시절 만난 스승이나 친구가 삶에 절대적 영향을 끼친다고는 하지만, 성인이 되어 누구와 결혼해 평생 함께할 것이냐에 따라 삶의 모습은 얼마든지 달라지고, 배우자만큼은 아닐지라도 회사에서 일하며 많은 시간을 보내는 동료와 상사가 어떤 사람인지도 삶의 방향과 속도를 결정짓는 중요한 요인으로 작용한다. 그만큼 사람과의 호흡은 중요하다.

하지만 나에게 좋은 영향을 미친 사람이라고 해서 다른

사람들도 그 사람과 좋은 경험을 쌓는 것은 아니다. 관계는 그가 어떤 사람인지에 따른 영향도 받지만 마주하는 상대에 따라 또다시 달라지는 복합적인 상호작용의 결과이기 때문이다. 극단적으로는 나에게는 훌륭한 사람이 다른 사람에게는 최악일 수도 있다. 반대로 나에게 최악인 사람이 누군가에게는 최고일 수도 있는 것이다. 그러니 누군가가 함께 일하는 것이 너무 괴로워도 그를 욕하지 말자. 그는 그저 나와 안 맞았을 뿐 다른 사람과 만났을 때는 놀라운 힘을 발휘할 사람일 수도 있다. 대신 그를 위해서도 나를 위해서도 다른 사람을 만날 수 있는 기회를 계속해서 모색해봄이 어떨까.

그 사람이
당신에게 화내는 진짜 이유

그 사람이 화낸 것은
당신 때문이 아니다

어렸을 때는 어른에게 혼나거나 누군가가 나에게 부정적인 말을 하면 모두 내 잘못이라고 생각했다. 허둥지둥 내 행동을 돌아보며 고쳐야 할 것이 무엇인지 살펴봤고, 때로는 이유도 잘 알지 못한 채 사과를 하기도 했다. 그런데 나이가 들면서 사람들이 화를 내는 것은 상대방이 잘못했기 때문이기도 하지만 아닌 경우도 많다는 것을 깨달았다. 우리가 나누는 대화는 사실 대부분 화내지 않고서도 할 수 있다. 그리고 화를 내며 말할 때보다 차분하게 이야기할 때 메시지가 더 정확하고 효과적으로 전달된다. 화는 대화의 필수 불가결한 요소가 아니고 발전을 위한 유일한 해법도 아니다. 그렇다면 사람들은 어떤 경우에 화를 내고, 상대방에게 불친절하게 구는 것일까?

첫째로, 화가 자주 폭발하는 사람에게는 분노 조절 장애가 있을 수 있다. 이런 사람이 화를 내는 이유는 대부분 사안의 중대성보다는 그 사람이 가진 '기질적 문제' 탓일 가능성이 크다. 어찌 보면 이런 화는 순수하다고 할 수 있다. 이들은 순간의 감정을 참지 못하고 폭발했다가 돌아서면 곧바로 후회하고 사과하기 때문이다. 이런 감정 조절 장애를 가진 사람에게는 당장의 잘잘못을 따지기보다 분노를 가라앉힐 수 있도록 도움을 주는 게 현명하다. 오히려 이런 사람들은 부드럽게 잘 다뤄주면 순한 양처럼 변해 상대방에게 마음을 내주기도 한다.

둘째로, 별것 아닌 말이 상대방에게는 트라우마를 건드리는 트리거로 작동하는 경우다. 가끔 정말 생각지도 못한 말에 크게 상처를 받는 사람들이 있다. 예를 들면 어떤 친구는 보통 사람들이 문장 끝에 별생각 없이 붙이는 'ㅋㅋ'을 비웃음이라고 오해했는데, 그 밖에도 트리거가 굉장히 많았던 그 친구와의 대화는 지뢰밭을 걷는 것과 같았다. 어디서 터질지 모르는 트라우마로 인해 정상적인 대화를 나누기가 어려웠다. 트라우마가 많은 사람과 대화할 때는 대화의 자유를 포기해야 한다. 굉장히 한정된 루트로만 다닐 수 있다는 것을 인정하고 좁은 길을 걷기 싫다면 거리를 두는 게 정신 건강에 좋다.

셋째로, 사람들은 컨디션이 좋지 않을 때 화를 내기 쉽다. 서빙하는 직원이 테이블에 물을 엎질렀다고 생각해 보자. 컨디션이 좋은 날이면 웃으면서 "괜찮아요. 어차피 마르면 티도 안 나요"라고 말하겠지만 컨디션이 안 좋은 날이라면 벌떡 일어나서 웨이터의 멱살을 잡을지도 모를 일이다. 컨디션은 특히 행동에 많은 영향을 준다. 대학교 때 한 친구는 소개팅에서 너무 멋있는 남자를 만났는데 젠틀하기 그지없던 그 사람이 데이트 중에 갑자기 화를 내서 충격에 휩싸였다. 분명 좋은 사람이었는데 왜 그러는 걸까. 오랫동안 고민하던 그녀가 발견한 그의 패턴이 있었으니 '제때 밥을 먹지 못하면 화가 난다'는 것이었다.

사람은 생각보다 컨디션에 많이 좌우되는 동물이다. 전

날 밤에 잠을 잘 잤는지, 악몽을 꾸지는 않았는지, 필요한 에너지를 충분히 충전했는지에 따라 감정선이 크게 달라진다. 대부분의 사람은 수면 상태에 따라 다음 날 컨디션이 좌우되고 에너지 소비가 많은 남자에게는 식사 유무가 영향을 미친다.

사람들은 저마다 처한 상황이 다르고 사고의 흐름이 다르다. 멀쩡히 회사 사무실에 나와서 똑같이 앉아 있다 하더라도 어젯밤에 잠을 제대로 못 잔 사람, 밤새 부부 싸움을 하고 온 사람, 새벽에 오랜 연인에게 이별 통보를 받은 사람 등등 우리가 마주하는 사람들에게는 저마다 다른 스토리가 얽혀 있다. 그러니 같은 사안을 보고도 모두가 다르게 반응하는 것은 어쩌면 당연한 일일 것이다. 사람마다 서로 다른 배경이 존재할 수 있음을 이해하고 상대를 바라본다면 부정적 피드백에 대해서도 적절한 거리를 두고 현명하게 처신할 수 있을 것이다.

옆자리의 그 사람은 지금
수술이 필요할 수도 있다

마음에도 팔다리가 있다

회사의 전설이 된 사원

우리 회사에는 전설 같은 인물이 있었다. 나는 그녀를 실제로 본 적은 없지만 소문을 들어 익히 알고 있었다. 경찰이 출동했다는 사건 때문이었다. 그녀는 오랫동안 자신을 스토킹한 남자 직원이 같은 부서에 있다고 했으며, 급기야 하루는 신변의 위협을 호소해 회사로 경찰이 출동했다. 사람들의 관심 속에 요란하게 도착한 경찰은 그녀를 납치하려 칼과 청 테이프 등을 가방 속에 숨기고 출근한 사람이 누구인지 확인하기 위해 그녀와 주변 인물을 불러 차례대로 조사했으나 두 시간여의 수색 끝에 해당 인물이 없음으로 결론을 내리고 돌아갔다.

그녀의 호소는 그날이 처음이 아니었다. 그전에도 스토커가 집 앞에 찾아와서 2~3시간씩 문을 두드리며 기다린다고 했고, 점심 먹으러 가서는 옆자리에 앉아 아무도 모르게 그녀의 신체를 더듬었다고 했다. 자신의 피해를 알리는 데에 적극적이었던 그녀는 월요일에 출근해서 주말 동안 있었던 그의 만행을 임원을 포함한 직원들에게 이메일로 알리기도 했고, 한번은 전 부문이 다 모인 회식 자리에서 벌떡 일어나 남자 직원 얼굴에 맥주를 퍼부은 적도 있었다. 그녀의 행동에는 분명 기이한 면이 있었지만, 사회적으로 사내 성희롱에 대한 인식이 부각되고 있던 시기라 인사팀에서는 그녀의 목소리를 무시할 수 없었다. 문제가 되었던 남직원은 특별 감시 대상으로 선정되었는데, 그가 결백을 주장하며 억울함을 호소했으나 받아들여지지 않았다.

하지만 경찰 조사를 계기로 모든 것이 그녀의 망상이었음이 명확히 드러난 것이다. 그녀는 환각과 환청이 들리는 조현병 초기 증상을 겪고 있었다. 사무실 직원들은 언제 그녀의 타깃이 될지 몰라 노심초사하며 하루하루를 보냈다.

언뜻 생각해 보면 그런 사람이 어떻게 회사에 근무하고 있었는지 이해가 가지 않는다. 그런데 나중에 내막을 들어 보니 그녀에게는 딱한 사정이 있었다. 그녀는 아픈 어머니를 모시고 생계를 이어가고 있었다. 주변에는 그녀를 도와줄 사람도, 그녀가 기댈 수 있는 사람도 없었고, 무거운 삶의 짐은 온전히 혼자만의 몫이었다. 그녀에게도 한때 젊고 생기 있던 시절이 있었다. 하지만 나날이 건강이 악화되는 노모와 막대한 병원비로 경제력이 악화되자 점차 우울증에 빠졌고 회사에서의 업무 능력은 최저치를 찍었다. 그러다 보니 함께 일하는 사람들로부터 부정적인 피드백을 계속해서 받았고, 그것이 또 다른 스트레스로 쌓이면서 결국 정신병으로 발전하게 된 것이다.

결국 인사팀에서는 그녀에게 휴직계를 내도록 했고 후에 몇 년 치 연봉을 챙겨주며 권고사직을 시켰다. 씁쓸한 상황이 아닐 수 없었다. 그녀도, 회사도 이런 상황을 예상치 못했을 것이다. 그녀의 이야기는 오랫동안 회사의 전설처럼 사람들에게 회자됐다. 그런데 정도의 차이가 있을 뿐 나는 이런 비슷한 사례가 우리 주변의 많은 사람에게 발생하고 있으리라 생각한다. 보건복지부에서 발표한 2021년 정신질환 실태 역학조사에 따르면 한국인이 평생 동안 한 번 이상 정신적 문제를 겪는 비율은 27.8%로, 4명 중 1명이 마음의 어려움을 겪는 것으로 나타났다. 일정 비율의 사람들은 우울증이나 정신병에 취약한 유전자를 타고난다. 하지만 이것의 발현 여부에는 환경이 미치는 영향이 크다. 같은 사람이라도 극도로 스트레스를 받는 환경에 있으면 우울증이 발현되지만, 안정적인 환경에서는 그렇지 않을 수도 있다.

눈에 보이지 않는 마음의 상처

우리는 보통 눈에 보이는 상처는 치료해야 할 것으로 인식하는데 눈에 보이지 않는 마음의 상처에 대해서는 인지하지 못하는 것 같다. 겉으로 보기에 팔다리가 있고, 멀쩡히 앉아서 열 손가락으로 키보드를 치고 있으니 모든 기능이 문제없이 작동할 것이라고 기대한다. 하지만 나는 마음에도 몸처럼 팔다리가 있다고 생각한다. 사람이 교통사고를 당하면 다리가 부러지거나 팔이 잘릴 수 있는 것처럼 우리도 살아가면서 겪는 마음의 사고로 인해 마음 한 부분을 다칠 수 있다. 경미한 상처에는 금세 새살이 돋아나기도 하지만 너무 큰 충격이나 견디기 힘들 정도의 스트레스는 마음의 팔이나 다리를 절단시켜서 평생 절뚝거리며 살아가게 만들기도 한다.

만약 주변에 교통사고로 다리를 다친 사람이 있다면 당장 병원에 보내 수술을 받도록 할 것이다. 수술 후에도 목발이나 휠체어에 의지해 완전히 회복될 때까지 안정을 취하도록 할 것이다. 그런데 마음의 팔다리는 눈에 보이지 않아서 사람들은 상대방이 당장 일을 멈추고 수술을 받아야 하며 회복에 시간이 필요한 상태라는 사실을 인지하지 못한다. 뼈가 부러졌지만 평상시와 똑같이 생활해야 하고, 성치 않은 몸 때문에 남들만큼 일할 수 없으니 더 가혹한 질책을 받게 된다. 사람들은 상처 난 몸을 이끌고 회사에 다니다가 마음이 기형이 된 채로 삶을 살아간다.

살면서 누구나 마음을 다치는 순간이 온다

누구나 살면서 사고를 당할 수 있고 그것이 내가 될 수도 있다. 나는 마음이 강건해서 어떤 어려움에도 굴하지 않고 항상 씩씩하게 살아갈 수 있다고 생각하는 것은 착각이다. 살면서 마음이 벼랑 끝에 내몰리는 일이 누구에게나 일어날 수 있는 것이다. 이럴 때 회사가 큰 도움을 주지는 못하더라도 최소한 벼랑 끝에 매달려 있는 상대방의 손을 밟지 않도록 조심해야 하지 않을까?

사람들은 회사에서 오가며 매일같이 마주치지만 막상 서로가 지금 어떤 상황에 처해 있는지는 모르는 경우가 더 많다. 멀쩡해 보이는 사람이라도 마음에 사고를 당했거나 병이 악화되어 수술이 필요한 순간을 겪고 있을 수도 있다. 그리고 그 절체절명의 순간에 내가 던진 말 한마디가 치유에 도움이 될 수도 있고, 아니면 그 상처를 더 깊게 만들어 영원히 돌이킬 수 없는 불구로 만들 수도 있다. 상대의 마음을 미리 헤아리는 것이 최선이겠지만 그럴 수 없다면 오늘 내가 내뱉는 말에 배려하는 마음을 조금이라도 더 포함시켜보면 어떨까.

내가 '극혐'하는 그 사람이
사실 나와 닮았다면?

적은 나의 그림자다

학창 시절 마케팅에 대한 혐오

내가 한창 예민한 사춘기를 보낼 무렵, 우리 집은 경제적으로 어려운 시기를 지나고 있었다. 부모님은 없는 살림에 자식들 교육을 시키느라 안 입고 안 먹으며 희생하셨고, 그런 부모님을 보며 자란 나에게 근검절약의 습관이 배어 있는 것은 당연했다. 하지만 학교에서 만나는 친구들은 이런 나와 전혀 다른 삶을 살고 있었다.

내가 다닌 중고등학교는 부유한 아이들이 많이 사는 강남에 있었다. 1990년대 후반, 미디어가 아이들에게 내뿜는 영향은 엄청났다. 당시 대부분의 청소년들이 그랬겠지만, 아이돌의 등장과 수많은 브랜드의 노출로, TV에서 보여주는 것이 곧 내가 되는 청소년기를 보냈다. 부족함이 없는 아이들은 최신 휴대폰을 사고, 명품 가방과 신발에, 화려한 잡지를 교과서처럼 챙겨 읽으며 미디어에서 보여주는 모습대로 자신을 끼워 맞추느라 정신이 없었다. 하지만 이 모든 것을 멀찌감치 지켜보기만 했던 나의 눈에는 이들의 감정과 행동을 움직이는 모든 것이 현란한 마케팅의 결과로만 보였다.

광고는 실제 제품보다 훨씬 거대하게 부풀려진 환상을 심어주고 그것이 '행복한 것' '성공한 것' '잘나가는 것'이라고 제멋대로 기준을 만드는 것만 같았다. 광고에 현혹된 사람들은 그 기준 안에 들어가기 위해 아등바등했고, 그 물건을 사지 못하면 스스로를 불행하다고 여겼다. 하지만 자신의 행복을, 우월함을 물건으로 살 수 있다고 생각하는 것 자체가 어불성설이지 않은가. 나는 그 얄팍한 환상에 심긴 이야기를 사기라고 생각했다. 그리고 제멋대로 행복과 불행의 선을 그어서 사람들을 이리저리 몰려다니게 만드는 광고가 현대인을 불행 속으로 몰아넣는 씨앗이라고 생각했다. 무엇보다도 그들은 나의 의지와 관계없이 그것을 갖지 못한 나를 불행한 사람의 카테고리에 넣어버렸다. 그래서 나는 마케팅을 혐오한다고 말하고 다녔다.

혐오는 지극한 관심이었다

아이러니하게도 15년 뒤, 나는 그토록 혐오하던 마케팅 분야에서 일하게 된다. 극과 극은 서로 통한다고 했던가. 내가 마케팅에 보냈던 지독한 혐오가 지극한 관심이라는 것을 어느 순간 깨닫게 됐다. 멘토링을 통해 만나게 된 선배는 좋아 보이는 것, 화려해 보이는 것이 꼭 나쁜 것만은 아니며, 팍팍한 현실을 살아가는 사람들에게 환상을 심어주는 것 또한 꼭 잘못된 것만은 아니라고 일러주었다. 오히려 나도 모르게 자꾸 눈길을 주게 되는 이유는 내가 그쪽에 관심과 재능이 있음을 반증하는 것일지 모른다고 했다. 멘토의 말을 듣고 나는 마음 한편에 있던 거부감을 내려놓고 부서 이동을 하게 됐고, 마케팅팀에서 일하며 내가 브랜딩과 광고에 얼마나 큰 매력을 느끼고 관심을 갖고 있는지 깨달았다.

사실 나는 마케팅이 가지고 있는 감성적 측면과 아름다움을 향해 열망을 품고 있었지만 당시 부족한 형편으로 인해 숨겨야만 했던 열망을 혐오로 표현했던 것이다.

우리는 남에게 그림자를 투영하고 있다

이렇듯 극단적인 혐오가 사실은 자신이 갈망하는 것에 대한 표출이라는 증거는 곳곳에 있다. 정치권에서 보면 부정부패를 누구보다 강하게 욕하던 사람이 세력을 갖게 되었을 때 비리를 더 많이 저지르지 않던가. 회사에서도 상사를 혐오하며 욕하고 다니던 사람이 높은 자리에 올랐을 때 자기가 욕하던 행동을 그대로 하는 경우를 종종 본다. 내 안에 잠들어 있는 본모습을 자극하는 것이 아니라면 우리는 무엇이든 그렇게까지 혐오하지 않는다. 내가 부정하고 있는, 혹은 아직 발견하지 못한 무의식 영역에 존재하는 나의 이면을 다른 사람을 통해 발견하게 됐을 때 극단적으로 싫어하거나 극단적으로 우상화하는 경향을 보이는 것이다. 이것을 심리학에서는 '그림자 이론'이라고 한다.

누구에게나 그림자가 있다. 이것을 거부하고 부정할 때

세상에는 우리가 혐오하는 것, 저주하는 것, 두려워하는 것이 많아진다. 그런데 이런 그림자를 인정하고 받아들이면 삶을 있는 그대로 끌어안게 된다. 세상을 좋고 싫은 것으로 나누지 않기에 타인에게서 발견되는 추한 모습이건 내 안에서 발견하는 실망스러운 모습이건 모두 두려움 없이 받아들일 수 있게 된다. 내가 광고를 혐오하던 마음을 돌리고 수용하면서 광고가 사회에 이로운 방향으로 쓰일 수 있도록 힘썼던 것처럼 우리가 혐오하고 부정하고 싶은 면을 끌어안을 때 진정으로 완성된 나를 만나서 세상을, 그리고 나의 삶을 더 나은 방향으로 이끌어 갈 수 있다.

누군가가 너무나 싫어서 괴로운가?

많은 사람들이 너무나 싫은 누군가 때문에 혹은 나를 너무나 싫어하는 누군가 때문에 회사 생활을 힘들어한다. 근데 그 불편한 감정 뒤에는 내가 인정하지 못한 나의 잠재적인 능력, 그리고 내가 컨트롤하지 못하는 내 안의 어두운 성향에 대한 두려움이 숨어 있을 수 있다. 당신도 혹시 누군가로 인해 무척이나 힘든 시간을 보내고 있는가? 그렇다면 자신을 깊이 들여다보자. 내가 무언가를 억누르고 있는 것은 아닌지 생각해 보자. 그리고 그 사람을 욕하기 전에 나를 불편하게 만드는 그 모습이 바로 내게도 있는 것은 아닌지 곰곰이 생각해 보자. 그리고 웬만하면 그 사람을 욕하는 것도 멈춰보자. 누군가는 당신에게서 당신이 욕하는 그 사람과 똑같은 모습을 발견할 수도 있으니까 말이다. 나의 그림자는 나보다 다른 사람 눈에 더 잘 보이기 마련이다.

에필로그

퇴사를 하고 한참 지난 어느 날, 내가 여태껏 '내가 가진 장점'을 기준으로 사람들을 평가했고, 다른 이들에게도 나와 같은 기준을 강요했다는 사실을 깨닫게 되었다. 『위대한 개츠비』의 명언 중 "누군가를 비판하고 싶어질 때마다, 세상 모든 사람이 네가 가진 장점을 다 가진 게 아니라는 사실만은 기억하렴"이라는 문구가 있다. 우연히 서점에서 예쁜 표지에 이끌려 집어 들었다가 세 장을 넘기지 못하고 내려놓았던 책이지만 운 좋게도 첫 페이지에 있던 이 명언은 아직도 기억에 또렷이 남아 있다. 당시에는 난해한 번역 탓인지 그 뜻을 잘 이해하지 못했지만, 오랜 사회생활 끝에 이 책의 에필로그를 쓰려고 앉은 시점에서 갑자기 떠오른 이 말은 우리에게 필요한 삶의 자세를 너무나 잘 대변하고 있었다.

우리는 보통 각자 자신만의 관점을 가지고 세상을 바라본다. 그리고 종종 '본인이 잘하는 것'이 그 관점의 기준이 되는 경향이 있다. 각자가 가진 재능을 최대한 개발하며 삶을 살아가려고 노력하다 보니 그 최고치에 맞추어 세상 모든 것을 평가하고 바라보게 되는 것이다. 옷을 잘 입는 사람은 자신의 미적 감각을 기준으로 다른 사람들을 바라본다. 정리 정돈을 잘하는 사람은 낯선 장소에 가서도 깔끔하게 정돈해 놓은 자신의 집을 기준으로 바라보게 된다. 부지런해서 행동이 재바른 사람, 눈치가 빨라서 상대방의 의중을 재빠르게 파악하는 사람도 모두 마찬가지다. 삶에 최선을 다하려는 평상시의 태도는 그러나, 그 기준에 미달하지 못하는 사람이나 상황을 보았을 때 가슴이 답답하고, 못 미덥고, 자신도 모르게 무시하거나 폄하하는 경향으로 나타나기도 한다.

하지만 생각해 보면 센스가 좋고, 눈치가 빠르고, 부지런하고, 성격이 깔끔한 건 물론 스스로 노력한 까닭도 있겠지만 자라난 환경에 유전적인 영향이 결합하여 생긴, 타고난 재능일 수도 있다. 세상에 온전히 자신의 의지와 노력만으로 이루어지는 것은 없다. 누군가가 가진 장점은, 다른 사람은 누릴 수 없는 유일무이한 특권이자 혜택일 수 있다. 그렇기에 그 혜택을 얻지 못한, 조금은 운이 나쁜 이들을 한심하게 여기는 것은 어찌 보면 매우 가혹하고 불공평한 처사가 아닐 수 없다. 오래전, 『위대한 개츠비』에서 발견한 문장이 읽은 지 10년 만에 다시금 가슴에 와닿을 줄이야!

뛰어난 재능은 남을 평가하고 비하하기 위해서가 아니라 다른 이들을 돕고 그들의 부족한 부분을 채워주기 위해 사용될 때 그 가치가 가장 빛날 것이다. 나와는 너무나 다른 누군가를 보고 내 기준에 미치지 못한다고 절망하거나 좌절하기보다는, 내가 남들에게는 없는 좋은 재능을 가졌다는 것에 겸허한 마음을 가지고, 자비를 베푸는 마음으로 기꺼이 나누어 준다면 어떨까? 그렇다면 내가 가진 재능은 다른 사람이 겪는 어려움을 너그러이 이해하고 누군가를 행복하게 만드는 데에 사용될 수 있을 것이다. 그렇게 모두가 자신의 재능을 아름다운 마음가짐으로 사용할 때, 이 세상이 더욱 빛나는 곳이 되지 않을까 소망해 본다.

참고 자료

김누리, 『우리의 불행은 당연하지 않습니다』 해냄, 2020.

김웅, 『검사내전』 부키, 2018.

김윤나, 『말 그릇』 카시오페아, 2017.

박용철, 『감정연습』 추수밭, 2012.

장현갑, 『생각 정원』 나무의마음, 2014.

넬슨 만델라, 『자유를 향한 머나먼 길』 김대중 옮김, 두레, 2006.

대니얼 골먼, 『EQ 감성지능』 한창호 옮김, 웅진지식하우스, 2008.

대커 켈트너, 『선한 권력의 탄생』 장석훈 옮김, 프런티어, 2018.

데이비드 리코, 『내 그림자가 나를 돕는다』 김하락 옮김, 마디, 2014.

데이비드 이글먼, 『인코그니토』 김소희 옮김, 쌤앤파커스, 2011.

로버트 그린, 『인간 본성의 법칙』 이지연 옮김, 위즈덤하우스, 2019.

로버트 그린, 주스트 엘퍼스, 『권력의 법칙』 안진환, 이수경 옮김, 웅진지식하우스, 2009.

롤프 젤린, 『나는 단호해지기로 결심했다』 박병화 옮김, 걷는나무, 2016.

롭 무어, 『레버리지』 김유미 옮김, 다산북스, 2019.

마셜 B. 로젠버그, 『비폭력 대화』 캐서린 한 옮김, 한국NVC출판사, 2017.

미건 로건, 『셀프 러브』 홍승원 옮김, 오월구일, 2021.

샘 혼, 『함부로 말하는 사람과 대화하는 법』 이상원 옮김, 갈매나무, 2020.

세스 고딘, 『린치핀』 윤영삼 옮김, 라이스메이커, 2019.

스티븐 핑커, 『우리 본성의 선한 천사』 김명남 옮김, 사이언스북스, 2014.

스티브 하비, 『내 재능 사용법』 정옥희 옮김, 21세기사, 2016.

아이크 래서터, 『직장인을 위한 비폭력대화』 노태규 옮김, 바오, 2014.

애덤 그랜트, 『기브 앤 테이크』 윤티준 옮김, 생각연구소, 2013.

앨런 피즈, 바바라 피즈, 『당신은 이미 읽었다』 황혜숙 옮김, 흐름출판, 2012.

야마구치 아키오,『왜 사람들은 내 말을 오해하는 걸까?』 오민혜 옮김, 알키, 2016.

야마모토 아키오, 『일 잘하는 사람은 짧게 말한다』 박재영 옮김, 엔트리, 2019.

요로 다케시, 『바보의 벽』 양억관 옮김, 재인, 2022.

조코 윌링크, 레이프 바빈, 『네이비씰 승리의 기술』 최규민 옮김, 메이븐, 2019.

존 카밧진, 『마음챙김 명상과 자기치유』 장현갑, 김정호, 김교헌 옮김, 학지사, 2017.

짐 콜린스, 『좋은 기업을 넘어 위대한 기업으로』 이무열 옮김, 김영사, 2021.

차드 멩 탄, 『너의 내면을 검색하라』 권오열 옮김, 알키, 2012.

코르넬리아 토프, 『침묵이라는 무기』 장혜경 옮김, 가나출판사, 2019.

페터 모들러, 『오만하게 제압하라』 배명자 옮김, 리더스북, 2013.

프랑코 '비포' 베라르디, 『죽음의 스펙터클』 송섬별 옮김, 반비, 2016.

프랜시스 스콧 피츠제럴드, 『위대한 개츠비』 김보영 옮김, 펭귄클래식코리아, 2013.

피터 드러커, 『피터 드러커 일의 철학』 피터 드러커 소사이어티 옮김, 청림출판, 2018.

구자홍, "왜 사람들은 사기에 잘 걸려드나", 동아일보, 2018.11.3.

김종훈, 안채원, "사기 그 후… 사기꾼은 안잡히고 피해자는 우울증", 머니투데이, 2019.1.3.

마커스 버킹엄, 애슐리 구달, "피드백에 멍들다", 하버드 비즈니스 리뷰 2019.3-4월호.

박민석, "재계, SKY 출신 CEO 3년째 30%대 밑돌아…재계 '탈(脫)학벌' 가속화", 데일리 임팩트, 2021.11.17.

유진에버, "직원이 행복해야 기업이 장수한다는 파버카스텔과 비 브라운", 유진에버, 2017.11.07.

이오성, "내리막길 걷던 마이크로소프트를 일으킨 하나의 철학", 시사 IN, 2022.7.1.

최윤정, "삼성전자 임원, 학벌 보다 진짜 실력?", 오마이뉴스, 2004.9.2.

인간관계가
힘들어서
퇴사했습니다

초판 1쇄 인쇄 2022년 9월 5일
초판 1쇄 발행 2022년 9월 13일

지은이 안나
펴낸이 김선식

경영총괄 김은영
책임편집 임고운 **디자인** 박수연 **책임마케터** 배한진
콘텐츠사업6팀장 임경섭 **콘텐츠사업6팀** 박수연, 한나래, 정다움, 임고운
편집관리팀 조세현, 백설희 **저작권팀** 한승빈, 김재원, 이슬
마케팅본부장 권장규 **마케팅3팀** 권오권, 배한진
미디어홍보본부장 정명찬 **홍보팀** 안지혜, 김민정, 오수미, 송현석
뉴미디어팀 허지호, 박지수, 임유나, 송희진, 홍수경 **디자인파트** 김은지, 이소영
재무관리팀 하미선, 윤이경, 김재경, 안혜선, 이보람 **인사총무팀** 강미숙, 김혜진, 황호준
제작관리팀 박상민, 최완규, 이지우, 김소영, 김진경, 양지환
물류관리팀 김형기, 김선진, 한유현, 민주홍, 전태환, 전태연, 양문현, 최창우
외부스태프 기획 (주)밀리의서재

펴낸곳 다산북스 **출판등록** 2005년 12월 23일 제313-2005-00277호
주소 경기도 파주시 회동길 490
대표전화 02-704-1724 **팩스** 02-703-2219 **이메일** dasanbooks@dasanbooks.com
홈페이지 www.dasanbooks.com **블로그** blog.naver.com/dasan_books
종이 한솔피엔에스 **인쇄·제본** 한영문화사 **코팅 및 후가공** 평창피앤지

ISBN 979-11-306-9279-1 (03180)